幸福的科學

THE SCIENCE OF HAPPINESS

幸福的問題是問題中的問題

只有內心的豐富才是真正的富有；

至於其他則是痛苦多於快樂。

（美）亨利・史密斯・威廉 著
Henry Smith Williams

佘卓桓 譯、遲文成 校

C O N T E N T S

C O N T E N T S

第一部分

幸福的問題與身體方面的問題

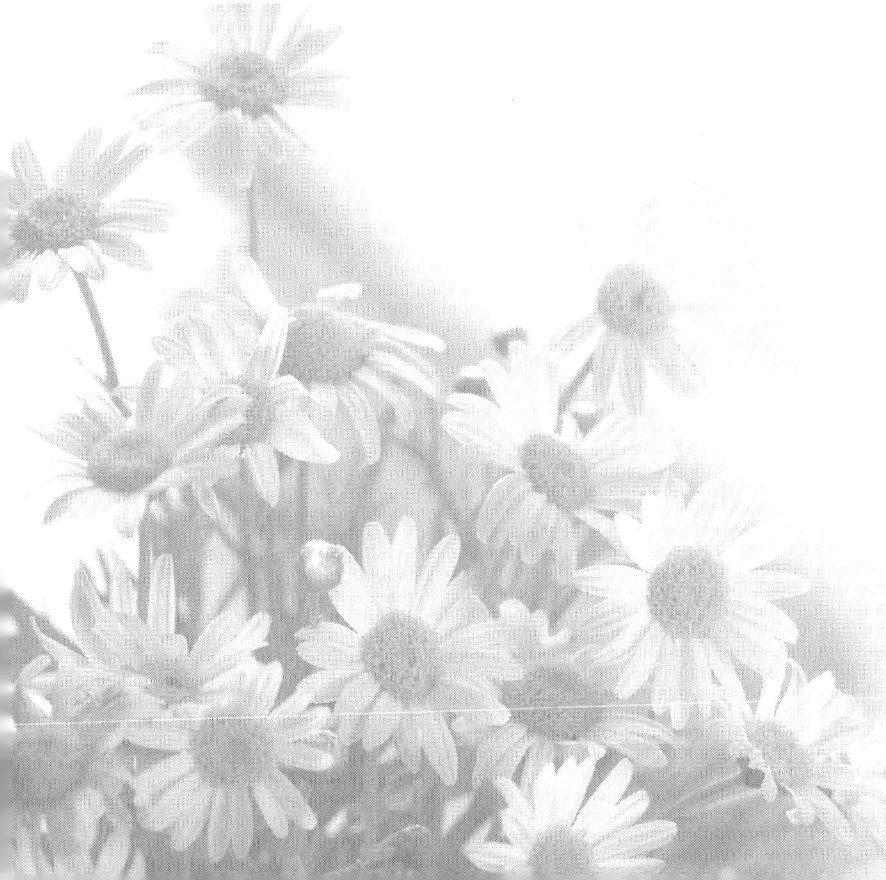

第一章　幸福的問題

幸福的問題是問題中的問題。我有說這是問題中的問題嗎？不是的，我知道這樣的情況——唯一的問題就是幸福的問題。無論是對於野蠻人還是文明人、體力勞動者還是心理學家，在母親膝下喃喃自語的孩子，還是即將要踏進墳墓的老人，臉上洋溢著無限青春氣息的少年，還是暮氣沉沉的老人，兇猛的野獸還是小鳥與爬行類動物，在陸海空廣闊的空間裡，對於任何具有生命力的生物來說——在此時此刻，始終如一且不能迴避的一個問題就是幸福的問題，這個問題貫穿於任何生物的所有行爲之中。

在每個具有意識的行爲背後，都潛藏著一種欲望的天然磁石。在任何一種生物的身上，都存在著一種最本能的行爲。動物或人類每一種肌肉的反射，都是一連串動機所帶來的一系列行爲，雖然這可能是由遺傳所帶來的，但這會形成我們最原始的欲望。歸根到底，我們所有的欲望，無論如何表現，都可以歸結爲一種欲望：總體概括，都可以說是一種追求幸福的欲望，除此無它。

有時，這種與結果緊密聯繫的動機與行爲是直接且明顯的，有時，這樣的動機則顯得遙遠與無法感知，但這樣的動機卻是始終存在與發揮著作用的。狼群會始終追尋著獵物，孩子會始終急切地想要得到玩具，少年會熱烈地追求自己心儀的少女，男人會想辦法實現自己的雄心壯志——所有這些都顯然是爲了追求一種樂趣。但同樣眞實的是，如果一種動機不是那麼直接且不那麼容易被察覺，那麼追求樂趣的人，就會變成那些願意爲孩子做出犧牲的母親，那些爲了國家而犧牲自己生命的愛國志士，那些爲了理想願意犧牲的殉道者。

這些例子都說明了，追求愉悅的道路也許並不一帆風順。實際上，乍一看上去，好像是說，如果有機體的最高目標是追求幸福，那麼他們最終面對的就是痛苦的失敗。每一個有機體的存在都需要忍受痛苦，最後則會死去。大多數食肉動物都需要透過造成其他生物的痛苦與死亡，來滿足自身的口腹，從而實現種類的繁衍。一種動物獵食另一種動物，一些人則「獵食」其他一些人。欲望潛藏在每個角落裡，始終都在製造著痛苦。在每一種欲望背後，都潛藏著一種可怕的鬼魅，那就是死亡，這讓人們永遠都只能扮演受害者的角色。死神是誰都無法控制的，不帶有任何憐憫之心的——它會讓所有的生物最終都離開這個世界。在這個充滿紛爭、恐怖與痛苦折磨的世界裡，談論幸福的問題，簡直就是一個笑話。

但是，我們要用一種更爲柔和的觀點去看待這些事情。「每一種痛苦都存在著一個目標，否則痛苦就是邪惡的。」道德主義者長期都相信這樣的思想，生物學家現在也能夠對此進行解釋了。但是，這樣的目標卻是——一個非常有趣的悖論——讓我們儘量能夠感受到愉悅。但是，相對於痛苦而言，這世界可能根本不存在任何愉悅的東西。對於那些承受痛苦的人來說，這個世界可能根本沒有任何幸福可言。

我們根本不需要任何形而上學的理論，去解釋這樣一個隱晦的悖論。我們只需要反思任何一種具有生命力的生物，都需要面對的危險，那就是每一種沒有神經系統的生物，都會遭遇隨時降臨的痛苦，這樣的痛苦，是它們永遠都無法學會去避免的，因爲痛苦通常會發生在它們察覺之前。那些神經系統出現紊亂的孩子，是絕對不會害怕火焰的，所以他們會喜歡玩火，最後將玩具全部燒成灰燼。

從類比中得出來的理智推論，讓心理學家們向我們提出了一點可信的東西，即同樣的情況也適用於心靈與道德世界。要是沒有任何不愉悅的障礙，需要我們去跨越，痛苦的經歷就可能被刺激出來，那麼人的心智將永遠無法超越一種更爲消極的感覺。道德主義者會向我們保證，要是沒有對痛苦與悲傷的理解，那麼一個人是絕對不可能培養那種利他之心的，而利他之心也在很大程度上，決定了文明出現的可能性。

我們不需要與這些生物學家、心理學家或是人類主義者，去進行任何理論上的爭論。我們並不需要在任何時刻，去反駁他們所持的邏輯觀念。但是我們需要持一種懷疑觀點，那就是無論這樣的一些體驗，對於一個種族是多麼重要，每個個體還是希望盡可能地避免生命中那些痛苦的東西，從而過更加愉悅的生活。在這個世界上，眞正優秀的男女，很少遭受過身體上的疾病或是命運的不幸。無論你所處的環境多麼舒服，身體的痛苦都會讓你感到無比痛苦，這會讓悲傷踏入你的家門，讓你產生一種利他主義的動機，這樣的動機是幾千年以來一直傳承下來的。我們可以將一些偶然的例外情況排除在外，如果你的身體、心靈與道德都處於一種健康的狀態，那麼相比於那些身心處於一種不佳狀態的人，你成爲一個更好的人的可能性更高。

若是我們將所有的個人考慮都放在一邊，那麼你也有責任去發揮自身的人性，培養身心的健全與力量。換言之，你有責任去尋求個人的幸福，即使不爲其他理由，也可以是出於這樣的原因，即這樣做會讓你有能力使別人變得更加幸福快樂——這將會讓你的心中充滿愉悅。

所以，我們必須要深刻地明白「幸福」一詞的含義，這可以分爲兩個方面，第一個是積極的方面，第二個是消極的方面。按照事物發展的自然規律，即便是最幸福的人，也不會否認精神錯亂的存在。誠然，這是一種心靈的法則，即最為強烈的愉悅感覺都是短暫的。理智使我們避免過分沉湎於某一事物。縱觀我們的一生，可以感受到強烈的愉悅感的時間還是非常少的。

生命的主要進程源於高原，這裡有高聳的山峰。如果我們能夠遠離痛苦的泥沼與山谷的話，那麼這就是充滿希望的，這一切都是我們所想要的。我們最大限度的幸福，都是消極品格所帶來的。「在我們感到不快樂的時候感到快樂」，這才是愉悅的眞正形式。單純暫時擺脫，這似乎是那些長期忍受痛苦之人，所能夠感受到的最大幸福。

具有理性的動物的目標，就是能夠擺脫心靈與身體的痛苦，從而感受到最大限度的自由，能夠感覺自己控制著其他的生物，這讓我們能夠有最大的力量，去推動人類的不斷進步。

四條平行的高速公路，會指向無限的目標——包括身體感覺饑餓的高速公路、智力的高速公路、社會交往的高速公路，以及道德追求的高速公路。那些能夠感受最大限度的幸福的人，都是能夠盡可能地擺脫遺傳帶來的限制，從而在這四條高速公路上飛奔的人。

若是我們從這種觀點進行審視，就會明顯發現，對幸福的追求與單純感受到感官愉悅是存在區別的。這樣的一種努力，可以被單純視為人生的唯一目標，這就像是死海的「果實」

最終必然會變成「灰燼」一樣。然而糟糕的是，雖然愉悅的善意因此能夠得到保存，但卻有著一張惡意的臉龐，讓每一個人的心靈都變得冷漠堅硬。

因此，對幸福的追求並不能放任毫無指引的本性。誠然，在人類行為的整個範圍裡，這些畢竟都很少會超越當前的主題。因此這就需要更為重要的指導，讓我們有更好的機會去尋求建議，能更好地運用機會進行學習。當這些知識被系統化地組合起來之後，我們稱之為科學知識。但在我們的現代世界裡，這個話題通常都處於一種無人問津的狀態，我們依然還沒有從中世紀那種「活著就為追求世俗樂趣」的哲學中擺脫出來，依然過分專注於對某種愉悅的追求。因此，雖然世人都將追求幸福視為人生的最大樂趣，但存在著一種傾向，就是很多人依然對那些發誓要追求愉悅的人，持一種懷疑的態度。

沒有什麼比追求愉悅的行為，更能夠深刻地闡述出古代希臘哲學所具有的真誠性。哲學的起源，可以追溯到西元前三世紀初期，當時一位著名的哲學家名叫伊壁鳩魯。就我們現在所能瞭解到的知識可知，他是第一個運用禁欲的方法，去面對身體層面上愉悅的人。他在一個著名的花園裡，非常睿智地教導著自己的門徒，無論男女，都要努力過上這樣一種禁欲清苦的生活，成為這種生活理念的奉行者。

他有一句著名的格言：「無法控制的能量與巨大的財富，可能會積累到一定的程度，從而給我們帶來安全感，當然這是就人類本身而言的。但是人類的安全感，一般情況下來自他們靈魂的平靜。目標是擺脫各種雄心壯志的羈絆，處於一種望峰息心的狀態。

他接著說：「一個公正之人，能夠擺脫所有不當的行爲，但是一個不公正的人，卻會始終成爲不當行爲的受害者。」

他還說：「在所有的事情當中，智慧能夠爲我們的人生提供許多指引，其中最重要的收穫就是友情。」

他作爲一門思想學派的創始人，最後卻因爲身體的各種疾病在痛苦中死去。他想要在痛苦中尋求慰藉，所以他從哲學問題的推理上，得到了人生的快樂。他一生都想要去瞭解最大限度上的生存樂趣，但他也曾明確地表示：「我們不能在不顧公正、榮譽與正義的前提下，過著愉悅的生活，要想過上愉悅的生活，這必然是與美德分不開的。」

當我們回顧人類殘忍且扭曲的歷史時可以看到，這位哲學家的名字，竟然成爲描述那些追求感官刺激者的一個代名詞。「伊壁鳩魯」一詞以及與此相關的詞語，在當代的歐洲語言裡，都是與某種追求身體愉悅的感覺聯繫在一起的。按照歷史記錄，伊壁鳩魯本人以及他的追隨者，都習慣了節食苦行的生活，他們每天所喝的水與所吃的食物，都剛剛好能夠維持正常的生命。在那個時代，酒類是希臘人習慣的飲品。在那時，十加侖的酒只需要六分錢。但是伊壁鳩魯的門徒都認爲，每天只需要喝白水就可以了。在他們所處的那個時代，他們的節制似乎是一種隨意的禁欲行爲。

據說，當伊壁鳩魯面對山珍海味的時候，給一位朋友寫信說：「給我送來一些粗茶淡飯吧。我只希望吃飽肚子就可以了。」按照現代的語義來說，「伊壁鳩魯」這個詞語的意義，已經完全發生了改變。

這樣的錯誤，可以說讓許多人遭受了不少的痛苦。還有很多能夠描述事物本質的關鍵字語，都被世人一知半解地誤用了，最後甚至懶得將其改正回去。所以，伊壁鳩魯主義者都會對此持一種懷疑的態度。但若是按照事實分析，伊壁鳩魯的哲學，的確與其他的哲學存在著許多不同。所有的哲學體系都是想要找到追求幸福的道路。如果一些現代哲學家爲伊壁鳩魯的理想感到哀歎的話，那麼這就是對於禁欲思想的錯誤理解。

但是，有多少人獲得了赫胥黎所說的、人類心智的「堅硬而又清晰的邏輯思維」呢？又有多少人在他們正常的心智慧力之內，養成了良好的思維習慣呢？

撒克利曾說過，他的心智始終處於一種積極的狀態，朝著明確的方向前進。無論他是在走路、坐著或是做其他事情，他都顯得那麼充滿樂趣。他所感受到的這種樂趣，絕對不是毫無目標的。他始終能夠看到存在的一些明確問題。他可以知道自己在某個小時或是一天之內所思考的事情。又有多少人能夠做到這點呢？

據說，愛默生每天都要到樹林裡散步，漫無目的地到處走著，或者在他認為適宜的時候放鬆自己的身體。他只有在獲得了一些全新的思想後，才想著要回去，就像一些漫無目標的遊客要採摘到一朵花後，才會盡興而歸一樣。他非常喜歡花朵、小鳥與樹木，乃至自然中的一切事物。他會透過心靈的「視覺」去感受這一切，透過一些具體的行為去表現出來。在他看來，世間萬物都是一個宏大計畫的一部分，每個部分都與其他的部分緊密地聯繫著。這些纏繞而又緊密聯繫的事物，給他的心靈帶來了一些朦朧的印象，但在這些朦朧印象的背景之下，他能夠看到那些最為閃亮的思想，這些思想在一片暗淡的陰影下顯得尤為閃亮。

就個體的智慧而言，有多少人發現過，自己具有如此巨大的能量呢？又有多少古老的思想，能夠以如此透徹的方式，為我們所熟知與理解呢？又有多少所謂著名的思想，是沒有建立在一種迷信的基礎之上的呢？但是，無論怎麼說，人類所真正能夠吹噓的，不過是他們是一種具有思考能力的動物。

我們都知道，清明的思想所帶來的獎賞是多種多樣的，其中就包括這個世界上最美好與美妙的事情。我們都知道，一種懶惰散漫的思想所帶來的懲罰，就是心靈的平庸，讓人缺乏對學術的追求，無法將人生中最美好的東西完全呈現出來。但是，我們現在處於一個能夠時刻感受思想曙光的年代，從來不會養成那種懶惰的思維習慣，這讓我們可以驅散思想的迷霧，也讓我們有著清晰的視野。在一個充滿熱情的時刻，不管這樣的時刻是適宜的還是不尋常的，我們都能夠感受到光芒，而不是逃避到過去那種朦朧、模稜兩可或是沒有任何成果的迷思當中。

我們在晚上睡覺的時候，都會假設我們的心智處於一種不活躍的狀態。在絕大多數情況下，我們在一個晚上的記錄，其實就好比一張空白的紙，而第二天早上，我們的心靈思想在這張紙上被記錄了下來。白天，我們假定自己處於一種甦醒狀態，處於一種心靈活躍的狀態。但是，我們對白天的思想又有怎樣的記錄呢？事實上，我們在白天的時候，並沒有如想像中那麼清醒。梭羅的一些憤世嫉俗的言論，讓他看上去從來都不像是一個眞正清醒的人。當然，這也與他個人的人生閱歷有關。

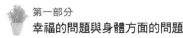

但是，梭羅是愛默生、霍桑與洛威爾以及其他許多新英格蘭地區思想家的朋友。難道他們都處於一種半睡半醒的狀態嗎？如果眞是這樣的話，那麼具有一般心智慧力的人豈不是沒有任何希望了？

即便如此，我們還是要盡最大的努力去做到最好。在思想方面進行比較與對比，這並不是為了貶低一些思想。一些最高級的思想家所處的思想高度，是一般人難以企及的，但我們也不應該對此感到灰心。雖然有很多的格言也不完全是盡善盡美的，但必然能夠給我們帶來一些幫助。而若是我們能夠以正面而積極的態度，去面對模糊的思想，那麼絕大多數人的心靈，都必然是可以得到提升的。

世人的意識正在覺醒，更好地認識到了心智與身體之間的相互獨立性，這是一個充滿希望的信號。我們這一代人正在努力恢復古希臘人對競技運動的熱情。半個世紀前，許多競技運動都被人們所忽視，現在卻成爲了人們關注的焦點與教育的課程。據說，美國有一千萬少年與成年男女在進行著經常性的體育鍛煉。這個事實是極爲重要的。這能夠讓我們在一個更爲寬廣的層次內，對幸福進行更加深入的瞭解與認知。但這只是一個開始而已。我們必須要始終保持身體方面的鍛煉，而不只是在大學時才參加體育鍛煉。我們必須要追求道德與心靈層面的平衡。接著，我們看到的不僅是新世紀（本書出版於一九〇九年，二十世紀之初。因此書中所提及的一些科學理論，也許已經不再適用於當下，望讀者理解——譯者注），而且是眞正優秀的一代新人。

現在，簡單地總結上面提出的各種思想——任何超越單純建議的事情，顯然都是無法實現的。顯然，幸福的科學與任何妖術都是沒有關係的，並不是如同芝痲開門那樣簡單地打開一扇門，就能直接通向幸福的世界。在尋求眞正幸福的道路上，除了不斷學習與認知之外，根本沒有其他的捷徑。誠然，這是一件需要符合事實過程的事情，讓我們能夠更好地瞭解知識，感受著人生的幸福。幸福的科學必須要與很多的資訊與細節聯繫在一起。現在，沒有一門科學是完全簡單的，一些歪門邪說的理論都已經成爲過去。我們現在出行靠電車，但我們永遠無法獲得阿拉丁神燈。

我們的科學必然要基於生物層面的法則之上。我們需要接受這樣的基本法則，即健康的身體通常是擁有正常心智的前提，這其中包括我們要注意飲食、鍛煉身體、注重睡眠等。這還需要我們注意生理學家們提出的一些最基本的法則，將最好的鍛煉方法傳遞給別人，讓他們能夠進行記憶訓練，更好地發揮思考的能力與意志的能力。

我們還需要從社會學家那裡收集各種資訊，從而瞭解很多人想盡辦法要實現的個人欲望，從而找出許多讓人信服的證據，讓每個個體的幸福，都可以透過不斷找尋更多的憐憫與利他主義的動機來實現。

按照上面所提到的內容，幸福的科學必然要包括一個更爲寬廣的法則系統，如身體與心智的鍛煉，從而更好地踐行生活的藝術——這些自信的信條並不是一種幻覺，也不是一些多愁善感者的無端傷感，而是那些愉悅的樂觀主義者對未來遠景的一種想像——簡而言之，這代表著一種理智與常識。

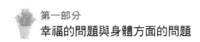

當人類的一般性認知，能夠牢牢抓住如此廣泛的科學道理之後，人類的生活作為一個整體，就能更加接近一個理想的狀態，從而能夠理解伊壁鳩魯當年提出來的禁欲主義。用當代德國一名評論家的話來說，這「代表著一種恰當行為的發展，代表著一種最為高尚的道德與崇高的享受」。伊壁鳩魯本人曾宣稱，他曾對自己的一些思想，進行過深入細緻的思考，認為「這些思想絕對不會被睡眠或是醒來的幻想所影響」，而是能夠「像神那樣存在於每個人的心中」。

在我們這個充滿懷疑精神的時代，我們並不敢奢望找到一條輕鬆且必然能夠成功的道路。但是，這種相同的懷疑精神，卻在某種程度上給人的思想帶來一種解放。特別是現在有了蒸汽與電力，疾病與饑荒都已經得到了緩解，預防性的藥物能夠將更多患病的人，從死神那裡拯救回來，這一切都讓人的身心得到了解放。現在，醫生能讓很多之前身患絕症的人重新康復。在道德領域內，啓蒙的情感讓人們對正直與公平有了全新的瞭解，國家與國家的關係也變得更好了——這是一種更加接近道德平衡的思想——這是之前世代的人所根本不敢想像的。

科學知識的發展，將人類的幸福標準提得越來越高，每個個體都能夠運用正確的生活法則，過上自己想要的生活。當他們這樣做的時候，這可能會在很大程度上，需要他們得到身體與精神上的自由，將他們的自我獨立與相互幫助精神聯繫起來，這將達到古希臘人所說的神性品質。我們這一代人知道這並非是神性品質，而是我們對一個理想之人所具有品質的一種判斷標準。

第二章 身體的需求

如果你能夠控制自己的食欲，保持良好的基本飲食習慣，從而使身體處於一種健康的狀態，你就會爲自己有節制的生活感到高興。即便你只喝白水，也不要在任何時刻宣稱，自己保持著清醒的狀態。如果你面對逆境，就要盡可能地做到最好，不要想著吸引別人的關注。讓那些虛榮的傻瓜，在公眾場合盡情地展露自己吧。但你要知道這樣的一種行爲，是根本不值得一位哲學家去研究的。

——埃皮克提圖

具有認知能力的人，不會屈服於野蠻或是非理性的誘惑——但他會始終想辦法保持身體的和諧，從而更好地追求心靈的和諧。

> 對不同的生物來說，不同的食物會帶來不同的愉悅感與影響。有些食物可能會讓人感到噁心或是痛苦，但對其他一些生物來說，這些食物可能就是美味可口的。對某個人來說無比可口的食物，對別人來說可能就是毒藥。
>
> ——柏拉圖
>
> ——盧克萊修

現在，我們從一般性的總體轉向具體的個體。讓我們首先思考一下，幸福的問題與健康狀態下的身體之間存在的聯繫。它們之間的關係到底有多麼緊密呢？誰也無法眞正地瞭解。每個人都會有這樣的感受，饑餓的狀態肯定是與心靈的滿足不協調的。一個消化不良的人在吃晚餐時所感受到的痛苦，可能也只有他自己才知道。我們應該深入地瞭解正確生活應該注意的事情，特別是關於所吃食物的問題。

關於吃什麼這個大問題，對身體健康的人來說，就是一個簡單的常識問題。要是我們將個人的偏見放在一邊，都可以接受經驗所帶來的各種正面的資訊。這其中當然也有其他的一些爭論，例如，作爲一般人，我們應該吃什麼才算是健康的。在這種常識的指引下，生物化

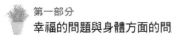

學專家的研究，就能夠對此給予充分的解答。同理，一些務實的生理學家與醫生的觀察也是有價值的。奧斯丁・弗林特（他屬於上一代人）在很久之前就曾表示，在他認識的所有挑食的人當中，幾乎每個人都患有消化不良的疾病。絕大多數有醫學臨床經驗的人，都會贊同他的這一說法。

當然，這並不適用於那些不吃某種食物的人，因爲他們根本不喜歡這些食物。一個人心中的美味，對另一個人來說可能就是毒藥，這句帶有一定道理的話，同樣適用於個人的氣質，這讓人感到無比驚奇。比方說，我認識一位女性，她在吃草莓的時候總會出現中毒的症狀，即便是在吃一些充當配料的草莓時——比方說雪糕中添加的草莓醬——都會感到嚴重的身體不適。

但這種特殊的例子只能證明一個事實，那就是對一個健康的人有好處的食物，對另一個人也應該是有好處的。否則，我們的整個人類世界就會出現可悲的大逆轉。

因此，關於這個特別的提問「我該吃什麼呢？」，我們可以給出一個一般性的提議：「吃對一般人有益的食物，同時避免吃任何你之前認爲不利於身體健康的食物。」除此之外，你還需要堅定自己的立場，不要被其他人輕易地說服，去吃一些自己不大喜歡的食物。很多人，特別是那些挑食之人，都因爲遵循自身的飲食習慣——不去吃某種食物——而導致自己出現消化不良的情況，然後錯誤地認為，正是某種食物，造成了自己消化方面的問題。也許在他們感覺不是很好的時候，依然會選擇這樣的飲食習慣，或是過量地攝取一些食物。總之，在你吃一種具有價值且符合個人胃口的食物之前，你需要確保它的確是具有一定價值的。我重申，這樣的身體特殊情況，的確存在於一些人身上。所以每一位焦慮症患者，都應該認真瞭解這樣的事實。

一個類似的理論，同樣可以適用於某些別人不喜歡的食物。這樣一種「不喜歡的口味」，可能是因為之前吃了某種食物所造成的後果，因此一些人在長期患病的過程中，都不敢去吃某一種食物。比方說，一些人不喜歡喝牛奶，就是因為這樣的原因。但是，這種情況通常都是可以憑藉個人持續的努力去克服的。在任何重要的事物分類當中，我們都需要努力地去讓飲食儘量多元化。要想扭轉這種反感的情緒，這就需要我們有著良好的飲食習慣，瞭解哪些食物對我們的身體是有益的。因此，在你吃東西或是與朋友吃飯之前，這樣做會讓你顯得更加從容一些。

以上的理由本身就足以充分說明一點，那就是培養每個孩子吃一些普通的食物，這是非常有價值的。在絕大多數情況下，要想做到這點是不容易的。在孩子們遭遇了多年的消化不良的情況之後，他們必然會感謝你的做法。

但是，推薦多元化的飲食，這在某種程度上，並不是要進行絕對意義上的不加區分。與此相反，理性地運用當代關於食物的知識內容，這能夠給我們帶來積極的幫助，這些都是可以在我們的當代一般飲食習慣裡得到展現的。比方說，你可以在飲食方面做到最好，從而滿足你對生活的某種特殊需求。如果你的工作是需要久坐的，你就需要多加鍛煉，從而讓自己的身體出一些汗。在這個過程中，你將明顯需要少攝取一些含氮食物，這可能與你的鄰居的飲食需求是不同的。

現在，我們需要明白，含氮的食物包括肉類、雞蛋、牛奶、乳酪與豆科蔬菜等食品。在你習慣了一種久坐的生活方式之後，你的飲食習慣就會趨於不變，身體系統可能出現內部堆積的情況，這將會給你的身體帶來中度中毒的後果。

很多美國人，特別是生活在城市裡的人，都會忍受這樣的痛苦。比方說，他們喜歡吃很多肉類，每天要吃二至三頓肉類，同時幾乎不做任何運動。即使是一名運動員在每天接受高強度的鍛煉時，也只需吃一頓肉類。所以，這種飲食習慣所帶來的影響是非常明顯的，特別是當這些人到了中年之後，這種習慣帶來的危害就會越發明顯。這些飲食習慣會導致諸如痛風、風濕以及與腎臟相關的一系列疾病。

我相信，任何人都不會懷疑，這是一段反對類似飲食習慣的話語。這段話的本意，只是想要引起人們對這些飲食習慣的重視，因爲飲食的習慣，對於滿足我們的身體需求是極爲重要的。這一點是非常正確的。誠然，正是因爲我們在飲食方面，做出比較保守的選擇，所以我們才會忽視對食物所含元素等方面的要求。比方說，澱粉就意味著碳水化合物，很多人也許會過分地攝取這些營養物質。同理，一些人過分喜歡甜點類的食物，喜歡吃蛋糕，這樣的飲食習慣，已經成爲美國全國性的一種飲食傾向。雖然甜點本身對人體是有益的，但這必然會造成我們的食欲出現嚴重的問題。因此，有序且多元的飲食習慣，是我們絕對不應該忽視的。

另外，如果我們在正餐吃完之後再吃甜點，身體就會攝取許多本身不需要的營養物質，這通常會給我們身體的消化與吸收器官，帶來額外的負擔。不管這些身體器官是否遭受到了嚴重的損害，至少這些食物的營養無法爲我們所消耗，這是公認的事實。這些沒有被身體消耗的營養物質，就會被存儲起來，形成脂肪，直接影響著人們的身體健康，讓他們感受不到生活的樂趣，影響他們的個人形象。

同樣的推斷適用於營養豐富的麵粉類糕點。若是在飯後吃太多這些食物，營養攝入量很容易就會超越身體的需求。人就很容易肥胖，因此他們應該用芝士與水果去替代這類糕點。無論是誰，若是他們想要吃的更加健康，就應該在吃甜點之前，吃點富含澱粉的蔬菜。在餐後吃糖分較高的甜點所帶來的危害就是，這通常會讓身體堆積過多的脂肪。

另外，甜點的價值，就在於給人們帶來額外的口感刺激，絕大多數美國人都認爲，要是在餐後沒有甜點吃的話，他們會覺得這一頓飯是不完整的，很難從中體會到一種吃的滿足感。當他們去國外的時候，通常對此感到不滿，因爲歐式點心的製作方法，與美國的餡餅、布丁、霜淇淋是完全不同的。當他們失去了這些「甜點」之後，就會覺得自己始終吃的不是很習慣。有人甚至將新英格蘭地區做的餡餅，看成僅次於美國憲法的第二重要的東西。

作爲生活在新英格蘭地區的第七代人，我不會覺得這是對祖先的褻瀆。我們完全可以尊重這樣的飲食習慣，但我們同時需要反思一點，那就是任何人都無法找到任何理由，爲那些已經飽食的人繼續提供美食。在一開始，持一種保守的態度，這始終是明智的選擇，因爲這對於我們的消化系統是非常有益的。

但是，相比於一般性的飲食原則，這根本不算什麼。我們完全可以放心一點，那就是這其中並不涉及任何技術性的原則。奧尼格尼斯在談到古希臘人時，就曾對我們說：「飽食要比饑餓殺死更多人。」一句世人皆知的諺語，也表達了類似的意思：「暴飲暴食所殺的人要比刀劍更多。」當代許多著名生理學家也經常發出警告，若是不改變當前的飲食習慣，將會有很多人因此過早地失去生命。

現在人們的餐桌上有太多精美的食物，這給他們帶來了暴飲暴食的誘惑。特別是按照美國的一些飲食習慣，人們喜歡大吃大喝，養成了暴飲暴食的不良習慣。拉丁民族將飲食看作一種非常重要的社會風俗習慣，延長了飲食時間，這通常是很多美國人所做不到的。因爲拉丁民族在吃飯的時候，每一種食物都只吃一點，只從每種食物中汲取一定的營養，這能讓他們的消化系統更好地進行吸收。同時，他們的飲食時間較長，這也有助於他們的腸胃消化。毋庸置疑，不健康的飲食風俗，是美國人消化系統出現紊亂的重要原因，也是造成肥胖的重要原因。

而在飲食的時間上，不同民族的人在具體做法上也是有所不同的，但他們都同意每天應該進三次餐。歐洲大陸上的人喜歡吃早餐，法國人喜歡吃蛋捲，認爲這具有豐富的營養價值，而英國人則喜歡吃雞蛋、培根與馬鈴薯。這與美國人比較類似。我們可以看到很多美國人，都比較喜歡簡單一些的早餐，而其他一些民族則習慣了另一種飲食方式。當人們跨越了英吉利海峽，似乎在一夜之間就忘記了之前的飲食習慣，喜歡吃牛排、馬鈴薯與用平底鍋烹飪的食物，將這些食物當成早餐來吃。

要想深入瞭解每一種飲食文化，評選出哪一種飲食文化是最好的，這樣的工作是徒勞無功的，因爲每一個國家，都是在自身的飲食文化的基礎下不斷發展起來的。毋庸置疑，不同的飲食風俗，都是與不同的氣候環境以及種族氣質相關的。飲食文化在很大程度上，取決於人們吃早餐的時間，還取決於他們在午後從事怎樣的工作，幾乎所有人在中午的飲食，都取決於他們在下午所從事的工作。更具體地說，這其中就存在著明顯不同的飲食習慣。

比方說，德國人幾乎都是在中午才吃一天中最可口的食物，而法國人則習慣在晚上才這樣吃。若是將這些民族的差異性放在一邊，我們可以說，在中午吃的好，這是一個住在鄉村的人的飲食習慣，而住在城市裡的人，則更加注重晚餐的品質。這些習慣的差異性，都是與工作的不同性質、睡眠時間以及類似的情況息息相關的。這些差異性導致的多樣性是非常明顯的。而人類身體系統的運轉方式，也能據此做出相應的調整，可以在任何一種飲食文化中進行切換，這樣的事實也是相當普遍的。幾乎每一位教條主義者，都能夠從已有的事實中得出這樣的結論，那就是一位處在成長期的孩子，能夠在中午吃上一頓可口的午餐，這將有助於其茁壯成長。

但在這裡，我們需要提出一句警告的話語，那就是不要打亂平時的飲食習慣。如果你習慣了在晚上用餐，那麼像很多人那樣，在周日的假期裡，將一天的飲食重點調到中午，這可能是值得商榷的。也許，更爲糟糕的是，如果你習慣了中午就餐，那麼晚餐就可能延遲二至三個小時。如果我們的身體系統處在一種恰當的模式下，就能按照自身的需求進行運轉。若是我們打破了之前已經習慣的飲食習慣，這並不有益於我們的健康。

若是就我們所提到的這個話題的各個方面進行審視，我必須將內容單純局限於一些暗示之上。但我絕對不能忽視一點，那就是希望人們能夠注意到兩種普通的「食物」。當然，我指的是水與空氣。我們的身體在很大程度上，需要這兩者去維持生命，水佔據了我們體重的很大比重，並且會以很快的速度流失出去，這就需要我們及時地補充水分。要是未能及時地補充水分，人的身體機能只能維持四至五天時間。要是我們無法擁有這種最重要的物質，我們就無法更新肺部所呼吸到的氧氣，從而無法維持生命。只要有水，即便沒有其他食物，人依然能夠活上一個星期左右。

水與提供氧氣的空氣是如此的重要，但我們卻經常看到一些人過分重視水，而忽視了氧氣的重要性。特別是對那些之前患有風濕病與神經痛的人，他們經常會將水視爲如啤酒這樣的酒類而加以拒絕。在治療這些疾病或是其他疾病的時候，醫生都會給出藥方，要求病人將多喝水，視爲一種代替其他藥物的方法。通常來說，他們會將病人送到一個著名的水療勝地，讓水浸泡他們的身體，改變他們之前在家時的那種生活習慣。在人們身患重病的時候，他們也會發現，強迫自己多喝水是一件很困難的事情。可以說，沒有什麼比給病人開出多喝水的「藥方」更加重要了。

純淨空氣所具有的治療性價值，長期以來已經被世人所知，當代的醫生也許比前人對此有更加深刻的瞭解。現在很多人都認爲，可以透過呼吸新鮮空氣治療肺病。很多報紙媒體都報導了這樣的事實，認爲新鮮的空氣能夠治療一些嚴重的疾病，諸如肺炎等疾病，都是可以透過呼吸新鮮空氣得到治療的。

呼吸大量的新鮮空氣，對人的身體健康是非常有用的，這就對學校、戲院等建築提出了通風的要求。但這個話題的眞正重要性，當然不是當代的一般人所能完全理解的。比方說，很多人都知道這樣一個事實，那就是只有少數人在購買私人住宅的時候，會考慮到室內通風的情況。在歐洲與美國的不少人，包括那些接受過教育的階層，都習慣了在窗戶緊閉的房間裡睡覺，這些房間處於一種完全密封的狀態。經過一夜的睡眠之後，房間裡不可避免地充滿著有害的氣體。

因此，當我們瞭解到這樣做的危害之後，就會對許多原本認爲很正常的事感到驚訝。這也能夠解釋許多事情，比方說他們的睡眠品質差，經常會被噩夢打擾，或是睡醒之後不僅沒有感到精神一振，只是感到頭昏腦漲。

對很多人來說，即使是在甦醒的時間中，他們也無法讓自己的身體組織，得到充足的氧氣供應，因爲他們沒有掌握良好的呼吸方法。可以肯定的是，呼吸是一種不自主的功能，爲了能夠讓身體組織，對氧氣的需求做出反應，我們的肺部會出現膨脹的情況，同時有意識地對大腦進行指引，從而確保至少符合身體最低需求的氧氣，能夠進入我們的身體。但是，那些習慣了久坐的人，應該透過有意識地進行呼吸方面的訓練，更好地改善自己的身體狀況。

所以，你現在需要打開大門與窗戶，挺直身體，肩膀自然下垂，練習呼吸的方法，從而增強自己的肺功能。你可以透過這樣的方式，讓自己的整個身體機能獲得最大的提升。這將能夠改善你許多不自主的呼吸習慣。

特別是對女性來說，這樣的訓練方法更是非常有效的，一部分原因是，女性通常都養成了久坐的生活習慣，另一部分原因是，追求時尚的女性所住的地方，一般都沒有充足的空氣流動。在這樣說的時候，我並不是說追求時尚的女性，都喜歡穿緊身外套。我完全相信很多女性有想要保持健康的想法，讓自己在老年的時候，依然能夠擁有良好的心肺功能，從而過好每一天。

在其他的很多情形下，我們的身體組織能夠充分證明，它具有神奇的適應能力，並且能夠對一些損害身體的行爲做出抵抗。

任何人都無法充分瞭解氧氣對人體產生的生理作用，但氧氣的吸入量，顯然會影響到我們身體的一些機能。那些想要勇敢地追求目標、成功地展現自身智慧的人，都應該努力地擺脫這些生理層面上帶來的障礙。

另外，回想起現在一些小學進行的有關呼吸方面的教育，這也是讓人感到欣慰的。所以，現在普通的十四歲少年，都要比我祖父那一輩最著名的醫生對此更加瞭解。毋庸置疑，現在關於健康方面的資訊，得到了廣泛的傳播，這必然會給我們的健康與幸福，帶來可以預見的影響。

當然，那些選擇了這樣做的人，可能會透過留意自身的呼吸方法，養成更加良好的生活方式。

若是我們能對這個話題進行認真的觀察，就會發現這樣做，能夠幫助我們抵擋一些眞實存在的疾病，這必然能夠增強我們的個人舒適程度，讓我們自身的感覺更好一些，提高你的工作效率，增強你感受幸福的能力。

在這裡，我們還需要提到一些商品（當然，這是就這些商品的字面意思進行解釋的），它們對我們的身體機能也是非常有影響的。當然，我是指那些能夠放鬆敏感的神經，或是消除不良的癖好的東西，如茶葉、咖啡、酒精與菸草等。可以肯定的是，酒精是含有碳水化合物的東西，但這種東西卻不具有眞正的食物價值。關於這方面的內容，很多人都會經常進行討論。茶葉與咖啡都有溫和的刺激性，而菸草則含有尼古丁，這會對身體造成一定程度的傷害。

每個人都知道，菸草是西半球的發明。直到十六世紀才被歐洲人瞭解。茶葉與咖啡是被少數幾個文明古國發現的。但是，酒類卻是自從人類文明初期，便被各個國家的人民所喜愛的一種飲料。

毋庸置疑，酒精給人們帶來了更爲深重的災難——嚴重影響著人們對幸福的追求。這是上面提到的各種商品所無法比擬的。當人們審視這種讓人大腦麻痹的物質時，就會發現這種東西，讓一代又一代的人深陷其中、不能自拔，讓很多原本最高尚的人陷入其中，摧毀了他們的心智。

當我們認眞反思酒精給人體所帶來的影響時，就會發現它會摧毀我們的理智，扭曲我們道德，摧毀我們的家庭，威脅整個民族的發展——當我們反思這些事情所帶來的各種危害時，就會發現，我們很難與那些飲酒之人，談論酒精帶來的嚴重危害性，即使這些人只是適度飲酒，也是如此。

但是，較爲理智的評論，需要我們認識到這樣一個事實，那就是每一代中都有不少人深知的一點，即習慣性地喝酒，倘若不達到酗酒的程度、不成爲酒精的奴隸的話，這還是可以被人們所接受的。古代地中海的許多民族都習慣了喝酒，這些人都是當代拉丁民族的祖先。

毋庸置疑，古希臘人、古羅馬人、義大利人、西班牙人以及法國人，都認爲酒精對人類發展是有益的。對他們來說，要是在吃晚餐的時候不喝點酒，就會使飲食帶來的滿足感受到損害。

在這方面，我無意去討論這種飲酒的習慣，與使用酒精所帶來的一些影響，我只是希望能夠避免，就這些方面進行過分複雜的討論。儘管如此，我還是想表達個人的一些看法，這些看法與很多人對此所持觀點相同。那就是習慣性地使用酒精，特別是在兒童與青少年時期，這會成爲影響拉丁民族不斷發展的重要阻礙。顯然，我是在發現了很多這類讓人不安的事例之後，才得出了這一結論的。

但是，有人可能會說，我們當代人最關心的還是每個個體的發展，而不是整個民族的發展。可以肯定的是，一個人的不良表現，不能成爲整個民族否定酒精使用的合法性的理由。我們也必須承認，從一般的原則出發，那些透過自我控制、從而有節制地喝酒的人，是值得我們尊重的。但是，對絕大多數人來說，徹底戒掉飲酒習慣，這要比有節制地喝酒更好一些。聰明的個人可能會透過親身的經歷去說明，屈服於任何一種誘惑，都有可能會讓我們之前的努力付諸東流，這樣的行爲，也根本無助於我們的身體健康。

在晚餐時喝一杯紅葡萄酒，似乎也是一種對酒精的恰當使用，這是基於一種幻覺性的原則。這應該能夠幫助我們消化很多食物，讓我們的身體感到舒服，或是刺激我們的心智去做不正常的事。無論在哪種情況下，酒精都能刺激我們做一些不正常的事，從而讓我們的身體做出一些不當的行為。健康的消化系統與健康的心智，並不需要任何外在的刺激去實現。

從某種程度上來說，同樣的道理也可以適用於茶葉與咖啡。當然，茶葉與咖啡帶給人們的安慰性作用，與酒精是不同的，它們所造成的危害，遠遠沒有酒精那麼巨大。儘管如此，有時茶葉與咖啡對人體的危害，也要比想像中更加嚴重一些。菸草帶來的危害是慢性中毒，這樣的一種危害，要比茶葉或是咖啡更加嚴重。菸草具有的毒性，能讓我們的身體慢慢地適應，一段時間之後，才給我們帶來明顯的影響。我們的身體對此並不能免疫，即使是少量的尼古丁，也會給我們的身體帶來不良影響。

當然，這是所有的人都應該知道的一個事實，即一些常年習慣性吸食菸草的人，都能安度晚年，似乎他們根本沒有受到這一壞習慣，所帶來的任何不良影響。我們也不應該忘記菸草這種東西，給他們帶來的愉悅感。儘管如此，我大膽地預測一點，那就是在你的十二位菸民朋友當中，至少有十位朋友會說，他們認為要是能夠不抽菸的話，自己的身體狀況會更好一些。他們中絕大多數人都承認，在某些時候，他們曾經發誓要戒菸，最後還是因為無法抵擋住誘惑而又復吸了。我覺得，他們中沒有一個人會認為抽菸有助於身體健康。

換句話說，絕大多數菸民都會承認，他們已經成爲了這種習慣的奴隸，而他們也知道這樣的行爲對身體有害。絕大多數菸民都希望自己的兒子不要吸菸，盡可能地遠離菸草。這樣一個事實也充分證明了菸草所帶來的危害。但是，人類模仿一些行爲的傾向是那麼強烈，任何的說教與警告，都會被他們拋在腦後，所以我們看到很多年輕人追隨著父輩的腳步，成爲了資深的菸民。

儘管如此，我還是想給出一個建議，每個人都需要知道，運動員在爲重要的比賽——如足球、划艇、拳擊或是其他比賽——進行準備的時候，都需要進行高強度的身體訓練——這通常都需要運動員完全遠離茶葉、咖啡、酒精與菸草。這似乎很容易幫我們得出一個結論，那就是每個人都有足夠的智慧，去幫助自己遠離這些東西。你可能會說，這就需要你過上一種節欲的生活。其實，這完全取決於你對此的看法。

這個世界上，其實有很多其他東西，可以滿足你的需求。當然，拜倫說過一句名言：「我要去挖掘『清楚』的礦藏，直到找到眞正具有價值的新聞，然後我要說一聲晚安，我已經眞切地活過了，這已經足夠了。」如果你遵循這樣的名言，我覺得任何的話語，都不可能吸引你的目光。如果你想要過上一種更加長壽、理智且幸福的生活，那麼這樣的思想是值得你去深思的。

但要是我們根據從這些名言裡得出的結論進行判斷，我們必須要反思一點，那就是絕大多數經常使用這些東西的惡人，都不會在這些方面聽從自己的意志。他們彷彿成爲了自身最大的獨裁者，習慣已經讓他們無法控制自己，無法遠離這些東西所帶來的誘惑。當這些人開始拒絕這些東西的時候，他們才邁出了擺脫壞習慣的第一步。一些人似乎能夠由始至終，都控制著自己身體的欲望，但這樣的人是極爲罕見且值得敬佩的。即使是這樣的一種自我控制，也要求堅持不懈的態度，需要我們不斷用良好的習慣，代替不良的習慣。誠然，我們對身體需求的完全調節，在很大程度上會讓我們擺脫之前的掙扎，建立起一套良好的生活習慣，從而對抗之前不良的生活習慣。無論我們處於什麼程度的生理狀態，這樣的身體機能都能夠機械般地獲得能量，讓我們去做到最好，實現最大的目標。

但是，你肯定不想成爲一台單純的機器吧。當然你同時也希望自己能夠徹底遠離這些東西。在你出生之前，很多事情都已經決定好了。你的身體就是一台機器，需要遵循一些大家熟知的身體與化學法則，你的心智能夠正常運轉，取決於你對這些法則的遵守程度，最後，你的身體也需要據此進行改變。

你沒有別的選擇，只能這樣去做。

你的唯一選擇，就是讓自己的身體成爲一台保養良好的機器，不要讓自己的身體變成一台破爛不堪的機器。無論你想要成爲自身習慣的主導者，還是想要成爲這些習慣的奴隸，你都需要做出決定。我們在上面已經說了那麼多，該做出怎樣的選擇，我想你已經心知肚明了。當然，我們每個人都想著努力追求更大的幸福。

第三章　健康的身體

千萬不能盲目地做一些事情，而是要去做需要完成的事情。這樣的話，你才能愉悅地度過自己的人生。你必須要認眞關愛自己的身體與健康情況，同時在喝酒、食物與鍛煉方面，都保持一定的節制。我認爲，這樣的節制能夠讓你遠離身體的痛苦。

——畢達哥拉斯

掌握知識的人與缺乏知識的人之間，存在著巨大的差別，那些進行過鍛煉的人與沒有進行過鍛煉的人之間，同樣存在著巨大的差別。現在，理想狀態下的男人與女人，都應該以正確的眼光去看待事物。女性要能更好地照顧孩子，男人要能更好地進行教育。對於男孩與女孩來說，他們的身心都應處於一種健康的狀態，他們可能不會因爲一些不良的習慣而影響到自身的天賦。因此，很多不良的習慣都是可以避免的。

——柏拉圖

任何想要擁有健康身體的人，還需要注意關於身體健康的另一個方面，那就是他們需要對未來的幸福充滿期望。讓我們的身體得到良好的保養，遠離各種不良習慣所帶來損害，這些其實都還是不夠的。對於那些長期需要久坐工作的人，他們還需要關注對自己身體的肌肉系統方面的鍛煉。對於一般的男女而言，很多人都從事著腦力工作，而非體力工作。因此我們可以說，在這些人當中，有不少人身體的肌肉系統，都是處於一種相對需要鍛煉的狀態。

造成這一困境的基本原因，可以從有關生理方面的一些最簡單事實中找出來——這一事實就是，人類身體的肌肉系統，與任何其他動物的身體機能系統一樣，都是按照以下這樣的方式發展起來的，只有當我們不斷使用這些機能的時候，才會使其變得更加強大，若是我們不經常使用的話，這些機能就會逐漸退化。讓肌肉時不時地進行伸展，這是肌肉能夠做的最直接行爲，只有透過不斷地鍛煉，身體的肌肉才能逐漸成長，變得強壯起來，最後讓整個人體處於一種健康狀態。

當然，在其他條件都比較適宜的狀態下，適當地進行運動也是非常好的。不過，若是我們對身體其他器官的情況缺乏深入瞭解，那麼我們對身體肌肉的瞭解也不可能充分。因爲身體的每個器官與部位都是相互依賴的。肌肉能夠透過其自身直接或是初始的功能去進行收縮活動，但對於那些常年沒有運動的人來說，這樣做的用處可能不是很大。這樣的影響可以透過兩個方面表現出來，一方面是血管，另一方面是神經系統。

每一種肌肉收縮，除了能夠給我們的身體帶來健康程度上的變化，同時還能對血管進行擠壓，加速血管裡的血液流通，從而加速血管裡的物質的傳送。因此，肌肉的收縮都有合理的限度，這一切都是透過心臟的調度與指揮去完成的。因爲身體的每一個器官（當然也包括大腦）的正常活動，都完全取決於血液的供應量。而肌肉所帶來的間接影響，能夠透過身體的各個器官表現出來，這也是極爲重要的。

神經所產生的影響並非很明顯，但這樣的影響卻更爲重要。肌肉細胞與大腦細胞就像是一塊電池的兩極，一條神經總是與另一條神經存在著聯繫。極爲重要的神經動機，能夠傳送到每一條受到觸碰的神經上，而這些動機是否能夠完整地傳遞下去，取決於神經兩端的細胞的完整性，同時也取決於神經本身的完整性。若是神經的細胞被破壞，肌肉細胞與大腦細胞都將會失去它們各自的功能，會讓人遭受嚴重的影響。在正常狀態下，只有在神經系統發佈了收縮命令之後，才會讓肌肉出現收縮的反應。這源於肌肉細胞所傳遞出來的肌肉動機，能夠刺激大腦細胞，從而使之能夠做出正常的行為。要是這二者中的一種細胞受到了傷害，那麼另一種細胞也會因此受到影響。

也就是說，任何一個人身體的肌肉，受到了一種傷害或是毀滅——讓我們假設說是手臂被截掉了——這其實就會讓這個人的大腦內負責管控手臂的細胞，處於一種「枯萎」狀態。他的神經中樞系統就會受到嚴重的傷害，同時他的肌肉系統也會受到明顯的影響。這並不是人們臆想出來的結果，而是眞實存在的，且已經得到了醫學方面的證明。有些人甚至說，要是一些人的身體遭受了某種程度的傷害，這必然會造成另一些身體器官的損害，因爲身體的這些器官都是相互聯繫的，不管這些聯繫是直接的還是間接的，都與身體的每一個細胞密切相關。

現在我們可以看到，即便是身體遭受了小範圍的傷害，這也必然會引起身體其他功能，出現某種程度的弱化，這將會給大腦的健康，帶來一定程度的影響，讓身體的其他每個與之存在聯繫的器官，都受到牽連，這一切都會影響到身體肌肉系統的健康程度。那些想要獲得健康身體的人，應該更好地保護自己身體的肌肉系統。事實是，當他們做到自己想要做的事情後，他們應該允許自身的肌肉系統，透過自然的肌肉收縮進行舒展。

肌肉所具有的能量，能夠保證我們的健康，這不僅能夠給我們帶來健康的身體。我們都已經看到了肌肉活動能夠直接作用於大腦，現在，我們知道大腦是控制心智的器官。大腦可能並不會「像肝臟那樣分泌出膽汁」。正如古代的一些哲學家所說的那樣，大腦細胞的生理性活動，對於意識的存在是極爲重要的。不管那些形而上學者是否想要逃避這個事實，這都是他們所無法否認的。無論這些關於大腦與心智存在聯繫的合理性，是否得到證實，這樣的聯繫也是的確存在的。一個人若是擁有健康的大腦，他必然能夠擁有健康的心智，而那些大腦生病的人，也必然會有著病態的心智，這也是我們經常所說的。因此，既然一個完全健康的大腦，只存在於一個健康的身體之中，那麼我們就非常有必要讓身體的每個細胞，都處於一種健康的狀態。

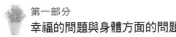

這只不過是從另一種實用的角度去說明，身體的每個器官，其實都會對心智產生一定的影響，因此任何一種有助於我們身體健康的事情，都能夠給我們帶來心理健康，讓我們的每個細胞，都處於一種健康的狀態。

一個無法反駁的推論就是，在身體無法得到完全的發展之前，心智很難發揮其最大的潛能。我並不是說，一個身體柔弱的人，就無法擁有強大的心智，這樣的一種論述，很容易就被人們認爲是荒謬的。無論是我們的心智還是身體，都有其遺傳方面的限制。也就是說，那些身體孱弱卻擁有強大心智的人，若是能夠擁有更加強大的身體，必然能夠做出更大的貢獻——因爲當他們的身體處於一種最佳狀態，心智也會處於最佳狀態，最終必然能夠幫助他們做出更大的成就。

可以說，按照這樣一種觀點，進行體育運動與在圖書館裡靜坐看書，其實是沒有任何衝突的。那些體育方面的專業人士與那些研究哲學的教授，其實只是存在直接聯繫的夥伴而已。很多人喜歡使用啞鈴（我舉這個例子，只是因爲這是很多人都喜歡使用的一種運動器械），這其實是一種鍛煉智慧的方式。那些想要在綠茵場上踢足球的年輕人，其實是在幫助自己鍛煉身體，從而更好地學習古代希臘人的哲學。當年輕人審視著自己日漸粗壯的二頭肌時，其實就是在審視自己不斷成長起來的心智。這句話聽起來可能會讓人覺得牽強，但若是我們能夠認眞審視這個過程中，心智所具有的潛能，就必然會知道這帶給人們的重要影響。這樣的說法是非常眞實的。有這樣一句話——「有健康的身體，才有健康的心智」。若是我們從最爲廣義的層面去進行理解，就可以發現生理層面與心理層面的很多事實，都是與此相關的。

這是因爲我們每個人作爲一個整體，正在慢慢意識到，這些生理層面的事實所帶來的影響，正在讓我們對運動產生極大的興趣。在過去幾個世紀裡，火藥的發明似乎將人體所具有的力量抵消掉了。隨著人類文明的不斷進步，有關心理層面的理論，正在變得越來越不那麼重要。但是，現在我們卻發現，人類的身體與智慧是應該互促互進的。人類的心智與大地存在著密切的聯繫，因爲我們最終都要歸於大地，人的身體最後必然要安息於大地。

誠然，原始人有明顯這樣的心理傾向。他們必然要按照當時所處的環境，去鍛煉自己的身體。戰爭與各種紛爭，都會讓他們深刻地明白一點，那就是依靠自身的能量去養活自己，是多麼重要的一件事。簡而言之，他們會耕種土地，不斷地種植糧食來養活自己。同樣的情況，對於當今生活在文明環境下的農民來說，也是如此。這些農民並不需要別人去告訴他們，要去鍛煉自己的身體，他們幾乎每天都要進行耕種，根本沒有時間去思考別的事情。

但是，我們生活在一個城市的時代。年復一年，我們看到文明世界的人口在不斷地增長，逐漸形成了一個越來越龐大的群體，越來越多的人都過著一種「室內生活」，因爲很多人都需要透過上班工作去養家糊口。與此同時，每個人爲了生存，也付出了更多的努力。這種努力，已經很少是單純身體層面上力量的比拼了，更多的是心智層面上的比拼。所以，我們到處可以看到這樣的一種思維傾向，就是越來越多的人將心智層面的發展，看得比身體層面的力量更加重要。

只有當注重單向發展帶來的不良結果顯現出來之後，我們才會發現雙向發展的必要性。我們知道來自農村的很多「新鮮血液」，曾經爲城市帶來了全新的景象，但隨後出生在城市裡的一代代人卻持續退步。很明顯，如果那種群居性衝動不斷膨脹，當前狀況不發生改變，那麼所謂的注入「新鮮血液」將毫無用處。這樣的思想已經漸漸爲大眾所接受，即身體的不斷發展，會爲這一切提供堅實的基礎。因此，我們將柔軟體操引入了學校教育課程，爲大學建造了體育館，在城市裡興建了進行競技運動的場所。我們可以看到越來越多的人，對競技運動充滿了興趣，同時我們也看到了很多人對騎自行車充滿了興趣。

事實上，這種對競技運動的熱情，其實根本不是全新的東西，而是一種回歸自然的行爲而已。越來越多人只是睜開了沉睡已久的雙眼，重新感受自然給予他們的教導而已。一個正常的孩子，若是能夠遵從自然所帶來的本能，他就會處於一種持久的「運動」狀態。這種持續的活動，可以說代表著一種成長，也是對那些習慣隱居的哲學家的一種無聲的指責。但我們也要看到，當代哲學家能夠對這樣的成長有所認知，也能夠留意到別人的指責。

一個身心健康的男孩，會積極參加體育運動，不斷增強自己的體魄，讓心智得到健康的發展，就像小鴨子透過在河水裡游泳，不斷成長的過程。然而不同的是，具有文明性質的年輕人，必須要透過參加體育運動，才能有效地提升自己的心靈能力，野生動物則需要爲了自身的生存，而不得不去提升自己的生理能量，只有這樣才能保證它們在弱肉強食的自然世界裡生存下去。這樣的自然規律帶來的結果就是，很多野生動物若是沒有被暴力所殺死，也會因為身患各種疾病而死去。這些動物會成為自然規律的俘虜，因為無法與其他物種抗衡，最後失去了自身的活力，在很大程度上成為了疾病的受害者。

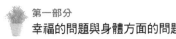

那些不願意參加鍛煉的文明之人，也面臨著相似的問題，他們需要遠離疾病，否則很多人都無法活到三十五歲。缺乏運動並不是造成身體機能退化的唯一原因，但這卻是一個很重要的原因。因此，當我們意識到這點之後，我們每個人都有責任去做出改變。在基於一種過分吹噓的理性之下，我們應該消除這樣一種原因，透過讓身體接受恰當的運動，讓心智得到更進一步的發展。要想獲得這樣一種能量，我們就絕對不能對此有任何的懷疑。我們需要認真決定的只有兩樣東西，第一樣東西，就是我們需要獲得某種層面上的發展，第二樣東西，就是考慮我們該怎麼去實現這個目標。

第一樣東西，就是我們需要獲得某種層面上的發展，因為這有助於我們保持身體肌肉和其他器官，處於一種健康狀態，當然，我們只有在一般的狀態下才能這樣說。每個人都需要在日常的生活中，保持一定程度的鍛煉。但人們在設置工作職責時，很少會考慮我們的身體是否需要鍛煉。當然，對任何個人來說，比較理性的做法，就是讓身體得到一種比較適當的鍛煉，雖然這樣的鍛煉，可能並不符合身體本身的要求。在一般的正常狀態下，身體肌肉的活動，都是會被絕大多數人所輕視的，很多人對胸部活動與上肢活動，都沒有給予足夠的重視。幾乎每個人每天都要步行一段路去上班，所以他們不得不每天運動自己的雙腿肌肉。但就一般人而言，他們的胸部與上肢肌肉卻因爲缺乏鍛煉，處於一種軟弱無力的狀態。

若是對一般人的手臂進行測試，就必然能讓大家都對此有所瞭解。毋庸置疑，在過去的某個時代，我們的祖先的手臂，曾與他們的大腿同樣粗壯，也許他們的手臂甚至要比大腿更加粗壯。我們那些居住在樹上的遠古祖先，就擁有這麼粗壯的手臂。但是，無數個世紀的步行活動，已經讓人體的四肢，得到了完全不均等的發展。現在，人類的手臂根本無法與自身的雙腳相比了。正常狀態下，我們已經很難看到手臂與大腿一樣粗壯的人了。很多生理學家會說，就種族演進的角度來說，人類的手臂其實該與小牛的小腿一樣粗壯。

這是可以透過一種完全合理的標準去進行衡量的，任何人都會輕易地發現，自己在某些方面的發展存在的缺陷。一般來說，卷尺量出來的資料，就能立即顯示出我們的上肢肌肉是需要我們多多關注的。沒人期望一個爲了健康而鍛煉的人，要把手臂鍛煉得符合勻稱的標準，而且他也沒必要那樣做。只要他們能夠沿著正確的方向去鍛煉，始終保持手臂、胸膛以及肩膀的肌肉，處於一種正常狀態，那麼他們的身體就會處於一種良好的狀態。只有這樣，他們才能挺直胸膛，更好地讓身體的血液透過血管流通，保持著健康的狀態。

第二樣東西，就是考慮我們該怎樣去實現這個目標。顯然，我們可以透過許許多多的方法去做，但在現實生活中，這些方法幾乎都是完全相同的。肌肉的第一種技能，就是透過肌肉的收縮進行運動。因此，唯一能讓肌肉得到鍛煉的方式，就是進行收縮方面的鍛煉。在這個世界上，每個人都可以透過某一部位的肌肉收縮，更好地實現心智的正常的活動。正常狀態下，當心智指引著肌肉做這些活動時，身體的中樞就會發出指令，讓一些肌肉群充分發揮它們的功能，從而執行這些肌肉活動。

因此，我們可以看到身體發展的本質是非常簡單的。任何能夠讓肌肉產生收縮活動的行爲，都是一種對身體肌肉的輕微運動，能夠讓肌肉處於一種不斷發展的狀態。任何一個擁有常識的人，都會爲自己制定這樣的運動計畫，讓身體某部分欠發達的肌肉得到鍛煉，使之變得強壯起來。即便不少人對生理解剖學的概念不是很瞭解，但他們也知道應該這樣去做。我們需要記住，所有的身體活動，都是因爲肌肉的收縮而出現的，所以人們只能透過類似於實驗性的運動，去讓身體的某一組肌肉，處於一種運動狀態。要是身體的某些肌肉群處於一種不良的狀態，我們就該透過鍛煉使之變得強壯起來。不斷重複這樣的行爲，你就能擁有強壯的肌肉。

其實，我們並不需要多麼好的運動器械，只需要有啞鈴、瓶狀棒或是滑輪機器就可以了，因爲這些運動器械，能夠讓人體的各部分肌肉處於運動狀態，讓身體的肌肉透過一種抗壓的訓練變得越來越強壯。一種簡單的方法就是，用一隻手不斷地擠壓胸部，然後換另外一隻手去擠壓，不斷地重複。同時，雙手、手臂以及肩部都不能在這個過程中改變他們的位置。透過這樣的動作，手臂、肩膀以及胸部的每一部分的肌肉，都能夠得到有效的鍛煉。

特別是在胸部的鍛煉上，這是絕大多數人都需要鍛煉的身體部位。很多人都忽視了柔軟體操在這方面的重要性。其實，柔軟體操的這種簡單鍛煉方式，是非常有助於胸部鍛煉的。據我所知，沒有比柔軟體操更能夠鍛煉胸部肌肉的方法了。關於這種鍛煉的最好方式是極爲簡單的，我們可以在任何時候、透過任何方式去進行鍛煉——這可以是在你躺在床上的時候，也可以是在你走路或是站立的時候，或是你背靠著椅子、休息一陣子的時候。總之，這種鍛煉方式可能是多樣的，但其效果卻是非常明顯的。你可以變化雙手的位置，將手放在後背上，做出一些垂直的姿勢或是一些水平的姿勢，讓身體得到舒展。這些身體動作的變換與位置的改變，能夠讓你很好地鍛煉身體的肌肉，使之處於強壯的狀態。

要是我們能夠系統化地進行這方面的鍛煉，就不會高估這些運動所帶來的重要價值。特別是在我們進行三十分鐘的雙腳鍛煉時，雙腳要用來推動推進器，這樣的鍛煉對於絕大多數人來說都是非常有用的。這樣的鍛煉不僅對身體是有益的，對心智的發展也是非常有益的。我們會逐漸消除之前的懶惰心理，讓心智處於一種正常的狀態（當然，除非在這個過程中，眞的出現了某種疾病的打擾）。

但是，進行這些鍛煉的眞正困難之處在於，很多人找不到繼續堅持鍛煉的動力，很少人會有足夠的毅力，去每天堅持這樣的鍛煉。在經過一段時間的訓練之後，他們就會感覺到肌肉處於疲乏狀態，同時心智也處於一種沉睡的狀態。在此，我們必須要提醒一句，若是單純爲了鍛煉的緣故而去選擇鍛煉的話，這將是一個非常無趣的過程。很少人能夠出於這樣的目的，堅持鍛煉很長一段時間，也無法得到最後的回報。如果我們想要得到最好的鍛煉結果，就必須要對運動本身有一定的興趣。

這種興趣，可以透過其他一些充滿競爭性的運動方式去獲得，這也是以敷衍方式鍛煉身體，與眞正透過參加遊戲的方式鍛煉身體的主要區別所在。但同樣重要的一點是，很多人都喜歡一些具有娛樂性的運動方式，而不是與柔軟體操類似的活動方式。只有當我們在確保體育運動具有一定的強度之後，身體鍛煉所具有的教育價值，才能得到完全展現。恰當的身體運動，不僅意味著我們需要對身體肌肉進行鍛煉，還意味著我們需要讓身體肌肉的鍛煉，達到一定程度，因爲這對大腦的發展也是極爲重要的。每一個肌肉群，都會按照一種單一的方式進行收縮，但是不同的肌肉群則可以透過無限的方式，去做出各種活動。

大腦透過發出控制性影響，盡可能地讓身體做出的各種行爲，處於一種協調的狀態，因此這就需要我們對大腦的其他部分，進行一定程度的訓練。所以，透過競技性的運動去鍛煉，是具有教育價值的，這是那些單純為了運動而運動的鍛煉所不具備的。

那些想要透過參加競技性運動去鍛煉身體肌肉的人，只要他們能夠堅持一段足夠長的時間，就很有機會實現這樣的目標。因為當他們看到了積極的結果之後，就會對這些鍛煉活動充滿了興趣。他們能夠從這些鍛煉活動中，感受到樂趣與好處，而快感本身就能給他們帶來精神上的愉悅，這些愉悅的情感本身，就對我們消除疾病具有一種積極的作用。在運動的過程中，不僅我們的身體肌肉得到了鍛煉，我們的雙眼與大腦也得到了鍛煉。我們將會發現堅持進行鍛煉帶來的好處，這是我們很難從其他活動中感受到的。

即便某人不崇尚個人主義，他也將學會「自強不息」。當我們的身體運動處於積極的狀態時，我們就能夠更好地調動自己的身體能量，讓整個人的身心能量，處於一種最佳狀態。簡而言之，人們對體育競技的訓練，能夠給他們帶來一種持續的發展，這必然能夠讓他們在上課或是學習的過程中，得到更好的幫助，也會為他們在現實生活中，帶來積極的助益。

至於競技運動的某種具體方式，我不需要進行過多的細節闡述。如果你生活在鄉村，那麼網球與高爾夫球再加上划艇與自行車騎行，這些都是非常不錯的運動方式。對於生活在城市的人來說，參加戶外運動的機會並不多。對他們來說，到運動館去進行身體的鍛煉，這也是不錯的選擇。

到運動館去進行鍛煉，最好的運動就是手球、摔跤與拳擊。

每一種運動都需要我們調動身體的一些肌肉群，但如果你想要身體得到全方位的訓練，那就需要堅持將三種以上的運動一起來做。你可以透過啞鈴、滑輪以及平衡桿等器械進行協同鍛煉，運用各種不同的運動器械，特別是透過捶打吊袋的方式去進行運動，我們最後提到的這種運動器械，本身就能替代一位拳擊陪練。這對於女性來說，更是提供了不少好處。事實上，吊袋本身就是屬於柔軟體操的一種運動器械，它使我們能夠更好地進行捶打與訓練。

劍術這種運動，從某種方面來說，也算是針對某一方面的鍛煉，雖然這無法與拳擊以及摔跤的運動量相比，但劍術這項運動卻是適合男女的。劍術這種運動能夠訓練雙眼的反應程度，鍛煉身體的靈活程度，而不是肌肉的力量。從這方面來看，這與拳擊手是有幾分相似的，因爲身體肌肉需要不斷進行收縮，才能與別人抗衡，這與摔跤這項單憑體力的運動是有所區別的。一些優秀的摔跤手，並不會被那些旁觀者視爲是懶散的，但是他們表現出來的肌肉活力，卻是與拳擊手和劍術手不同的。任何人都無法在摔跤與拳擊兩方面都成爲冠軍，雖然不少人可能精通這兩種運動。

對於想要獲取身體健康的體育愛好者來說，我個人認爲，摔跤是最好的室內運動。摔跤這項運動，在古希臘被認爲是一項高貴的運動，因爲它是所謂「五項全能」的標準運動之一，其他四項運動是跑步、跳高、投擲鐵餅以及標槍。對於絕大多數當代人來說，他們可能都會在身體適合的狀態下進行嘗試。在運動館進行運動的一個小時裡，最好抽出二十分鐘的時間去摔跤。接下來的四十分鐘則可以用來舉重、捶打吊袋，然後再花六至八分鐘用於練習拳擊——當然我們要明白一點，你必須要透過循序漸進的運動方式，才能讓身體處於一種「健壯」的狀態，這才能讓你在沒有憂慮與疲憊的狀態下，度過這充滿運動強度的一小時。

在運動過程中，我們會流汗，毛孔會處於一種張開的狀態，你的心跳也會充滿力量，肺部會處於一種最強的呼吸狀態。運動過後的五至十分鐘，你可以到淋浴室裡洗澡，首先用熱水洗澡，逐漸調到冷水，讓你的身體在這個過程中，感受到最爲強烈的變化。

你可以在洗浴的過程中進行身體的按摩，或是用乾毛巾進行摩擦——在你走出體育館之後，就會感受到身體充滿了能量。

你可能會覺得，每天抽出一些時間去進行身體鍛煉是不切實際的。如果你的身體肌肉處於一種疲憊的狀態，你必然會缺乏做事的動力。一旦你知道了鍛煉帶來的好處之後，就不需要別人告訴你要抽出時間去進行鍛煉了，你會主動抽出時間這樣做。因爲你會在運動的過程中，感覺到自己的身體狀況正在不斷得到好轉，重新激發了對工作的熱情，進行持續工作的能力也得到了增強。

但還有一點必須要說明，那就是我們進行身體鍛煉的時間是要有限制的。與從事任何其他活動一樣，我必須要提出一兩句警告的話語。絕大多數好的事情，要是處於一種過猶不及的狀態，那就會變成不好的事情了，身體的鍛煉也是如此。身體的肌肉系統必須要得到適當鍛煉，只有這樣才能發揮其最大的能量，保持我們的身體健康。但若是我們漠視生理層面上的限制，就可能適得其反。事實上，每個人都絕對不需要走上這樣的極端，因爲走向極端，只會讓我們偏離之前想要實現的目標。要是我們在進行鍛煉的時候走上了極端，就很容易給身體帶來額外的傷害，給心臟帶來額外的負擔，對身體器官帶來不良的影響。若是心臟在運動的過程中遭受了傷害，這會對健康造成嚴重的影響，甚至可能會影響人們的壽命。

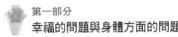

在此我們需要指出，我們投入到身體鍛煉之中的時間，與從中得到的好處不一定是成正比的。對一般人來說，即便他們在沒有目標的情況下進行鍛煉，也不會因此而受到什麼傷害。從某種意義來說，運動或是參加某一項體育活動，可能會發展爲一種不良的習慣。我們可以看到大學裡很多學生對足球的過度狂熱，帶來了一些不良的影響。

但這種過度的行爲，只是從另一個角度說明了，人生中許多事都是過猶不及的。那些想要透過過度鍛煉而掌握技能的人，是相對較少的。這些人所產生的所謂積極影響，不過是告誡一般人，不要去以這樣的方式進行運動而已。如果我們還能夠清晰地記住過度運動所帶來的各種傷害，我們絕對不能忽視缺乏運動帶來的各種嚴重傷害。當我們知道了運動本身的好與壞之後，我們就能找到一條通向健康與幸福的康莊大道。

教育有兩個分支，一個是體育教育，這是關注人類的身體，另一個是音樂教育，這是關注人類心靈的提升。

——柏拉圖

機體對食物的需要，給我們帶來了無盡的煩惱；機體易於患病，使我們停止或放慢了追求眞理的腳步；機體在各種愛意、欲望、恐懼、幻想、謬誤和愚蠢的干擾下，很難產生人們所說的思想。

——蘇格拉底

第四章　如何睡覺

去做那些不會給你帶來傷害的事情，在做出行動之前認眞思考。在你完成每天的工作之前，不要閉上自己的眼睛去休息。請認眞思考：我今天做了什麼？我經歷了什麼事？我還需要去做哪些事情？你首先要從第一個問題開始思考，然後逐一思考剩下的問題。如果你有不當的行爲，就要責備自己，但如果你發現自己有正確的行爲，就要嘉勉自己。

——畢達哥拉斯

自然的法則並不要求我們睡的太多，無論是對我們的身體還是靈魂，抑或就我們做出的行爲來說，都是如此。任何一個處於睡夢狀態的人，其實都是一樣的，因爲沉睡狀態中的人，其實跟死人是沒有什麼區別的。但是那些對生命與理智有著最大追求的人，都是想要長時間保持清醒的人，他們只需要爲了保全健康，而預留必要的睡眠時間。如果我們養成了正確的睡眠習慣，那就不需要過多的睡眠時間。

——柏拉圖

若是我們想對身體需求的概念，進行更進一步的補充，就必須要考慮諸如吃飯、喝酒、鍛煉等事帶來的一些影響。現在，我們必須要充分考慮睡眠帶來的一些消極影響。

乍看起來，睡眠只不過是一種消極狀態，是身體功能的一種停頓，而不是展現身體功能的狀態。我們可以清楚地看到，沒有比以恰當的方式進行睡眠，更加簡單且容易的事了。身體的其他一些功能，可能會處於一種過度、不足或扭曲的狀態，但是身體的不良狀況若是出現在睡眠的時候，將給我們帶來更大的影響。在成千上萬例失眠的例子裡，我們都可以證明這爲精神失常敞開了大門。在睡眠太多與睡眠不足之間，我們最好還是選擇睡眠多一些，但最好的狀態，還是以恰好充足的睡眠爲準。

大自然需要我們透過睡眠去補充身體的能量。若是我們不遵循睡眠的規律，必然就會讓身體遭受一些傷害。當我們在一個小時內做某事過度，就會發現自己在這個小時裡，失去了有意識的生活，也失去了可能得到的機會。在這樣一個大家都非常匆忙的時代，這可能就是成功與失敗的分水嶺。每一位擁有雄心壯志且認眞思考的人，都必須要將自身的興趣，轉移到這個實用的問題上：我們該睡多久才算是充足呢？

十八世紀時，班傑明．富蘭克林就曾直截了當地回答了這個問題：「男人睡六個小時，女人睡七個小時，只有傻瓜才一天睡八個小時。」

與絕大多數爲人們所傳頌的格言一樣，富蘭克林的這句話，其實也並不是十分準確的。富蘭克林顯然是按照自己的標準，去對別人進行衡量。他的這句格言，只不過是帶有一定自我性質的東西。看到像他這樣一天只睡六個小時、依然能夠擁有卓越思維的人，這是非常有趣與富有教育性的。但其他人則不能歸於此類。他們可能會將「男人」與「傻瓜」一詞進行調換，然後才覺得這句話是非常合理的。

一個簡單的事實就是，正如我們都知道且應該都知道的，每個人都是不同的，因爲我們很難找到一條共通的標準來衡量所有的人。一些人一天只需要睡五個小時，更多的人則需要一天睡六個小時，但一些人一天必須要睡七個小時，還有不少人一天要睡八個小時左右。若是我們按照富蘭克林那句話的字面意思去看的話，就會發現傻瓜需要比正常的男女睡更久的時間。傻瓜與正常人的區別，並不在於他們睡的更久一些，而在於他們的睡眠品質。如果一個正常人在白天的時候，總是處於一種半夢半醒的狀態，那麼傻瓜可能就是處於十分之一的清醒狀態。

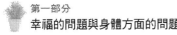

在此，我們還必須要補充一點，那就是每個人的需求，都絕對不可能成爲評判別人行爲的標準。一個人可能習慣比其他人多睡二至三個小時，因爲他們養成了我所說的懶散睡眠習慣。這種過分懶散所帶來的懲罰，不僅會給他們造成時間上的浪費，而且品質不高的睡眠，也會讓他們的心靈意識受到傷害。雖然人的大腦在睡眠狀態時，從未處於一種靜止的狀態，而且儘管幾乎所有的睡眠，都可以從理論上被稱爲是一種睡夢狀態，但可以肯定的是，在深沉的自然睡眠中，大腦的活動處於減緩狀態，以至於它的機能甚至都達不到潛意識水準。深層次且自然的沉睡，就需要我們在一段思想完全空白的時候，去找尋這樣的意識。

心智的能量已經沉沒在意識之下。按照不同狀況，我們都應該知道，這樣的狀態，絕對不可能使我們進行自身的有意識活動。過去的經驗已經告訴我們，在正常的睡眠狀態下，神經的能量（在精神層面上的心智）能夠持續地沉入更爲深層的狀態，持續一至兩個小時，直到最後我們失去了意識。沉睡的狀態可以是一種深層次的睡眠狀態。從這點來看，潛在的能量會逐漸增強，就像一波持續形成的海浪，沉睡的狀態也會逐漸浮上來，直到我們最後達到了一種有意識的層面，那麼睡眠者就會醒過來。

如果我可以這樣表述的話，那麼意識其實就是從深度睡眠中醒來，這樣說應該是沒有什麼問題的。在深度睡眠的狀態下，睡眠者要想甦醒是很不容易的，因爲在他醒來的時候，會感到非常困惑，最終又會陷入到無意識的狀態。這些熟悉的情景，是絕大多數人在晚上醒來的時候都會感覺到的。比方說，醫生們經常會發現，在短時間的睡眠之後突然被叫醒，會感到很痛苦，儘管他們並不太在意夜裡的求醫電話。一聲鈴響會將一位醫生喚醒，因爲他的心智始終都會對鈴聲做出回饋。但是，如果他是從深層睡眠中醒來，瞬間會感到困惑，也許甚至因神經功能被突然喚起而導致頭疼。如果他是從淺層睡眠中醒來，會馬上清醒而且也沒有壓迫感。

機體在意識消失後，很快就會進入活動水準最低的狀態，這個事實引發了當前的一種說法，「午夜前一個小時的睡眠，相當於午夜後兩個小時的睡眠」；這一說法常被奉爲眞理，僅僅是因爲大多數的人，都會在午夜前一至兩個小時就寢。就此事而言，午夜時間與睡眠沒什麼關係，因爲在其他條件相同情況下，眞正起作用的是睡眠最初的幾個小時，也是最舒適的幾個小時。

很多人都持有這樣錯誤的概念，認爲睡眠在醒來之前的那個階段，是最爲深沉的，這樣的說法其實與另外一個詭辯存在聯繫——在黎明之前，黑夜是最黑的。當然，這兩種說法都有悖實情。

如果眞像人們常說的那樣，印第安人很擅長在黎明時分偷襲營地，那無非也是因爲整夜警醒的營地哨兵，很可能放鬆了戒備而入睡。

在正常狀態下，一個睡了幾個小時的人，通常都不會失去自身的意識。他會逐漸接近自己的甦醒點。確實，總體來說，機體的生命活動在黎明前的幾個小時裡，處於最低水準，但是大腦存儲的潛在能量，在釋放時就產生了意識，而且這種能量會隨著睡眠的繼續越來越受到壓迫。

關於在甦醒時大腦究竟處於什麼狀態，很多說法都是推測性的。但是一般來說，可接受的說法是，意識是大腦中一系列破壞性生理變化引起的。人們認為，在發生這種破壞性活動的同時，也在發生著構建和修復性活動。但是人們還進一步認為，在清醒的時候，人類大腦中的破壞性強度，遠超過修復性強度，因而在破壞性超過一定程度時，人就有必要進行週期性的睡眠。思維器官必須經常性地關閉以做修復。這種觀點認為，只要大腦中的破壞性生理變化過度，就會產生意識，而睡眠則是最重要的恢復過程。很難證明這種說法描述的恰是事實，但是總的來說，這種說法與事實相當吻合。

還有一種狀況，也是需要我們去注意的，這是心理活動的一種間斷行為，這樣的心理活動，並不是嚴格意義上的意識活動，雖然在我們清醒之後，能夠回想起來這些事情。這一中斷的時期，可以被稱為夢境的狀態。至於這些夢境狀態是否處於一種正常狀態，這個問題是值得討論的。但這種情況其實還是有點不那麼正常的。在進行一般性的討論時，這樣的感受是我們很難去理解的。

既然這樣，什麼是夢境呢？

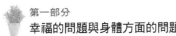

就我們目前掌握的所有知識來看，夢境是大腦某個獨立或是部分區域活動的結果，在某個時刻，大腦的一般性能量會處於意識的邊緣。在我們甦醒的時候，大腦的一部分或是其他部分，會處於最活躍的狀態，但這些細胞始終都會與其他的大腦細胞，處於一種協同的狀態。結果是這樣的意識，始終都無法變成一連串的思想，而是變成了一系列不那麼鮮明的思想，讓我們能夠對沒那麼鮮明的思想有所瞭解。這種附屬性的思想，能夠讓心智獲得一種全新的視角——這就是所謂的「第三維度」——這些維度時常能夠給我們帶來積極的影響，讓我們能夠用理性的眼光，去看待身邊的事物。

若是我們缺乏這樣的心理視野或是對此進行限制的話，這其實是因爲我們的大腦活動，處於一種不活躍的狀態，這與我們的夢境以及甦醒之後的意識，存在著本質區別。正是出於這個原因，夢境的思想才會看似對心智具有這樣的束縛。想像中最奇怪的產物，都會在睡眠的過程中出現，同時不會讓我們看到一系列修正性的思想，讓我們覺得夢境中的一切都是可怕的現實。也許，除非我們大腦的其他部分都能被喚醒，否則這樣的夢境是不會消失的。睡醒後，我們才可以感受到這些修正性的概念以及記憶。

正如我們所假設的那樣，如果夢境代表著大腦所有不協調的心理活動，那麼瞭解造成這種不合時宜以及不當活動的原因，就顯得非常重要了。與其他所有的機能活動一樣，這是對外部刺激做出的一種回饋。這樣的刺激，可能會在當前的那個時刻，處於一種運轉的狀態，或是在我們甦醒之後的某個時刻，依然處於運轉的狀態，從而給我們帶來心靈的不安與煩惱，但是，這些都不會讓大腦陷入深層次的不安狀態。能夠直接產生影響的刺激，都是一些不同尋常的聲音，或是一間空氣不流通房間裡的有害氣體，或是身體的某一部分處於擠壓的狀態，或是身體的消化器官，出現了消化不良的情況，等等。就現在的狀況而言，對於除大腦之外的身體任何部位來說，這些外在的刺激都會傳送到大腦。這樣的刺激也會讓我們產生夢境，這些夢境通常都是源於身體內部的。

顯然，大腦的狀況在很大程度上，決定了任何外在不安的刺激所帶來的具體結果，這可能源於我們在睡夢中的任何感受。在深層次的睡眠中，一種非常活躍的刺激，可能無法讓身體做出充分的回饋，從而記住夢境裡發生的一切內容。當大腦從這個過程中慢慢甦醒時，更為輕微的刺激，可能就會讓我們產生一連串的夢境。在我們即將要睡醒前的幾個小時，當整個大腦都處於要甦醒的狀態時，大腦裡的所有細胞都會連接起來，拓展我們的心靈視野，對夢境的背景以及範圍產生一定的瞭解。

因此，在其他條件完全相同的情況下，夢境不僅會時常出現在早晨的時候，而且這樣的夢境，更能夠接近我們甦醒時產生的各種思想，這段時間出現的夢境會更加多一些。這樣的一個事實，幾乎是每個人都能夠在起床之後感覺到的。人們可能會在淺層的夢境裡睡覺，而夢中的畫面可能會掠過他們的腦海，這與他們在甦醒之後產生的幻覺是相差無幾的。有時，這樣的幻覺會讓人對此產生一種疑惑不解的態度。無論人是否眞的再次沉睡了，當他們再次甦醒的時候，都會產生這樣的感覺。在這樣的時候，這些形狀各異且不成比例的畫面，就會缺乏一副背景——這就是所謂的夢魘。有時，夢魘的出現意，味著這些畫面已經在我們入睡的時候便產生了。

無論這樣的情況是出現在夢境的早期還是晚期，無論這是一幅清晰還是模糊、痛苦還是愉悅的畫面，這樣的夢境，都必然會被視爲心靈循環中，一些讓人不大愉悅的元素。任何習慣性做夢的人，都不會在夢境中得到最大的好處。在人做夢的時候，人的大腦可以說是處於一種相對靜止的狀態，並不像白天清醒時那樣，具有那麼強大的修復能力。當然，在正常的生活狀態下，一定程度的內心不安是可以避免的。自然會以善意的方式，讓我們感受到這樣的恩賜，同時給我們帶來視覺層面上的刺激，但自然發出的聲音，也是很容易被我們所壓制的。幸運的是，大腦很快就能夠透過自身的調整，將身邊的雜訊的影響很快地降到最低。當我們身在夢境的時候，火車的呼呼聲、撞擊大鐘發出來的聲音、吹起來的口哨聲以及其他類似的聲音，都無法在我們經常體驗到這些事情之後，再給我們帶來任何其他不同的感想。當我們認眞思考治療睡眠的問題時，很難對此進行改變。

我們的大腦無法充分地抵禦各種不同尋常以及出人意料的聲音。可以說在任何能夠給我們帶來不良影響的環境下，我們都很難找尋直接的安全庇護所。但是，這些聲音無法阻擋我們深入夢境的世界，而光線的出現甚至比不上聲音對我們夢境的影響，當然這是對那些養成了良好睡眠習慣的人來說的。

一個疲憊男孩的睡眠狀態，可以充分幫助他將外部世界所具有的回饋性活動都排斥了，從而使其在不受任何打擾的情況下安然入睡。即便你在他身旁開了一槍，槍聲可能都無法將他完全驚醒。即便是他輾轉著身子，處於一種半醒的狀態，也有可能再次沉入更加深沉的睡眠當中，而這些外在的刺激，可能都被他視爲一場夢境，繼而被他所遺忘。

一個養成了良好睡眠習慣的成年人在睡覺的時候，就像是一個男孩，這一點從他們的沉睡程度上，是可以看得出來的。他可能在兒童時期，並不能獲得那麼多的睡眠時間，並且必須要在當下努力地彌補小時候所浪費掉的時間，從而增強自己的成長。但是，如果一個成年人只是想要得到自己所需的睡眠，那麼他就會以非常正式的方式這樣去做。因此，他的睡眠品質可能就與一個孩子相差無幾。

擁有很好睡眠習慣的成年人並不多，這是毋庸置疑的，很多人都想要養成這樣的睡眠習慣，這一點也是不需要爭辯的。但是，他們應該怎樣才能養成了良好的習慣呢？要回答這個問題，我們之前的討論可以視爲一種鋪墊。

此時，我們要始終記住一個事實，即每一個個體在某種程度上，都需要在這件事情上對自我進行衡量。我將努力按一般性的標準，去講述一些實用的建議，然後你們才能加以運用。當我提到良好的睡眠習慣時，我的意思是這樣的睡眠習慣，能夠讓你們的身體機能在最短的時間內得到復原，讓你們在睡醒之後充分利用寶貴的時間，從而做到更好。

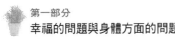

但是，我們絕不能單純地將睡眠時間縮減到最低限度。不同的人在睡眠時間上都有著不同的需求，這點是因人而異的。每個人都應該努力發現適合自己睡眠的最少時間，然後按照這些時間，去進行相應的分配與調節。

我們要記住一點，即如果有必要的話，我們每天最好要睡上八個小時，然後再開始一天的工作，因爲這樣會讓我們的大腦，處於一種更加活躍的狀態，讓我們更好地去做需要做的事情。一個頭腦完全清醒的人，能夠在接下來清醒的十六個小時裡更好地完成工作，這是那些因為睡眠不佳而頭腦昏沉的人所無法做到的。

要是我們每天早上五點的時候強迫自己醒來，在大腦無法完全適應一天的工作時就起來，這簡直可以說是一種愚蠢的做法。我們寧願一天睡八九個小時，從而讓心智的效率提升到最高的程度。如果我們透過多睡一小時，提升了這一天的工作效率，那麼這一小時的睡眠時間則是非常有價值的。

無論怎麼說，我們都應該儘量找到適合自己的睡眠時間，而不需要過分在意別人的說法。

在任何一個具體例子裡，要想決定每個人應該睡多長時間，都會存在著困難之處。這個困難之處在於，很多人都過著不一樣的生活，從事著不一樣的工作，因此他們的生活狀態與狀況並不是完全一樣的。人類的文明，將很多人為的東西加在了每個人身上，而在睡眠這件事情上，每個人都應該有著自己的想法。人類是一種需要休息的動物。若是按照嚴格的自然規律來看，人類的睡眠時間在很大程度上，是應該由太陽的升落起降來決定的。但是人類發明出來的電燈，則讓我們從這樣的自然束縛中解脫出來了。我們人類能夠從嚴格的自然束縛中掙脫出來，從而得到了進一步的進化。因此，在當下的時代，我們沒有必要去爭論，是否應該按照過去那些陳舊的標準去控制睡眠時間。

即便是這樣一句話——「早睡早起」——也是有點過時的。很多人是在半夜十二點的時候睡覺，到早上八點才起來，有些人則是晚上十點睡覺，第二天早上六點就起來了。雖然早睡會給人帶來一些潛在的好處，但若是我們從現實的考量去看，就會發現這樣的好處其實並沒有多大。對那些習慣了城市生活的人來說，我可以大膽地說，可能晚上十二點睡覺的生活習慣，要比晚上十點睡覺的習慣更加適合他們一些。爲什麼這樣說呢？因爲在城市的生活條件下，很多人都會因爲各種事情忙到深夜，他們可能到戲院看戲，或是找尋其他讓人愉悅的活動，打破了之前早睡的方式，從而漸漸養成了晚睡的習慣。因爲，這樣的習慣性，是我們養成良好睡眠的一個重要方面。一個有時在晚上十點睡覺，有時在半夜十二點睡覺的人，很難說自己有什麼眞正的睡眠習慣。他只是在自己必須的時候，才去完成睡覺這種強制性任務。如果這樣的習慣持續下去的話，他可能永遠都無法養成適合自己的睡眠習慣，也不知道如何充分利用睡眠的時間。

因此，養成良好睡眠習慣的第一個前提，就是讓自己習慣在某個固定的時間去休息。有人說，這是挺難做到的一件事，但這卻是必須要做到的。如果你必須要等到晚上十二點睡覺，那麼你可能就要在睡眠中，度過自己一天中一半或是三分之一的時間。如果你能夠堅持這樣的話，也可以將休息的時間定在晚上十二點。如果你的工作是在第二天很早的時候就要開始，那麼這麼晚睡覺，可能讓你無法擁有足夠的睡眠時間，這就會對你的日常生活帶來嚴重的不良影響。這樣的行爲其實就是大幅度地消耗你的人生精力，讓你不斷消耗人生的寶貴能量，最終必然會讓你的身體遭受懲罰的。你必須要儘早地結束這一天的工作，然後在晚上恰當的時間入睡，才能夠更好地保證身體的健康。

但是，無論你覺得什麼時候入睡，才是最適合自己的，一旦你選擇了某一個睡眠時間，就要堅定地執行這個規劃。當你這樣做的時候，就能不斷給自己的大腦灌輸這樣的思想，即不到那個時候，我就不能去休息。對某一個時間點產生一定的期望，這是很重要的。一旦你完成了這樣的工作，那麼養成良好睡眠習慣的第一步與最重要的一步，其實已經被你所掌握了。你會驚訝地發現，一個固定的習慣，會給你的身體機能帶來非常神奇的影響。當你養成了這樣的習慣之後，你根本再也不需要擔心失眠了，因爲你已經習慣了在某個時間點，讓自己的大腦處於一種休息的狀態。當然，人不可能變成絕對意義上的機器人，但是當他在睡眠的時間上堅持一貫的標準時，在其他條件完全相同的情況下，他必然能夠透過睡眠，讓自己的大腦恢復到一種更加活躍與積極的狀態。

到目前爲止，一切都算是正常。上床睡覺，這是一個自願的過程，但是躺在床上休息，卻並不一定意味著睡覺。要是你躺在床上的時候，你的意識依然在不由自主地運轉呢？我們可以肯定地說，這是一個你是否能夠管控自己的問題了。當你養成了良好的睡眠習慣，那麼在你的頭接觸枕頭的時候，你活躍的意識就會慢慢消退，直到你在第二天固定的起床時間。當然，雖然你可能養成了這樣的習慣，但要想完全實現這個目標，你可能需要運用其他一些更加有用的輔助工作。我並沒有談論任何藥物催眠的話題。這是你的醫生應該去思考的問題，因爲每個人在睡眠這個問題上，都面臨著不同程度的問題，所以醫生所開的藥方都是不同的。但我更想談論一些簡單方便的手段。

良好的睡眠，其實就是與清醒狀態時積極活躍的心智活動，形成鮮明對比的狀態。只有當大腦處於一種疲憊的狀態時，才需要透過睡眠來對大腦進行修復。某些憂鬱症患者，甚至會接連幾個星期都很少睡覺，因爲他們的大腦會喚醒他們，這些患者會變得無精打采、精神恍惚。這些病人總是睡不著，但是我們卻不能說，他們是處於一種完全清醒的狀態。這些病人的心智，可以說是處於一種死氣沉沉的狀態，與那些處於半夢半醒狀態時的人是差不多的。這些人根本沒有做出任何的心智活動，沒有對他們的神經活動，帶來任何有意義的影響。

與此類似，一個正常人的心智活動，有時也會顯得很不安，注意力不時從一個地方轉移到另一個地方，然後有意識地專注於某個具體的事物，這可能會讓他們的大腦感到非常疲德，但當他們的大腦處於一種積極的狀態時，是不需要休息的。這樣的人可以透過睡眠來讓大腦得到充分的休息，從而讓心智在白天的時候，處於一種積極活躍的狀態。

但在這裡，我們也會遇到很多與此完全相反的例子，那就是大腦會透過自身一些積極的反應，從而在睡眠時間到來的時候拒絕入睡。我們可以說，這可能是因爲情感上有過度反應所導致的，而不是因爲嚴格意義上智力方面的因素。當這樣的情況習慣性地出現在一個人身上的時候，那麼他很可能患病了。一個顯而易見的治療方式就是，我們晚上在睡覺之前，讓心智進行愉悅且有趣的活動，比方說與人進行有趣的對話，或是進行一些「風趣幽默」的閱讀，讓身心處於極爲愉悅的狀態。在睡覺之前洗熱水澡，或是喝一杯溫牛奶，這通常有助於良好的睡眠。

關於調整心靈狀態的方法，還有許許多多，這些方法，都有助於活躍的心智慢慢地平復下來，處於一種平和的狀態。比如，我們可以透過數羊群，漫無目標地計算著羊群的數量，或者不斷地重複著某一句話。這些心理暗示存在的最大缺陷就是，它們能夠給我們的心靈，帶來一種錯誤的感受，雖然這些都是不怎麼讓我們感興趣的東西，但靠這樣的方式去集中精神，有時很難幫助我們得到想要得到的東西。據我個人的經驗，一個更好的方法就是以這樣的方式，去進行心理暗示，「將大腦裡任何有系統的線條都打亂起來，然後將這些線條從我的心靈世界裡徹底消除」。你們只需要在心靈世界裡這樣去做，就會發現當你們認眞思考著某一個問題時，會產生這樣的心理暗示，「我不會去思考這個問題」。然後，你就能幫助自己遠離這些方面的問題。

當然，你可以透過心智的聯繫方式，立即與其他方面的思想聯繫起來。但如果這樣的情況出現了，那麼你會面臨著相同的挑戰。因爲在你依然處於一種有意識的狀態時，是很難入睡的。因此，你需要防止任何一種思想，在你的意識裡佔據主導的地位，讓每一種思想都處於一種臣服的地位，然後使這些思想，慢慢地沉入到心靈活動的低級狀態，直到你的意識完全消失。出於某些原因，每個人都可能透過自願的方式去這樣做。他們甚至可以在白天或是思想最爲強烈的時候這樣做。這樣的做法所帶來的好處，就是能夠讓疲倦的大腦獲得休息。

當然，若是我們慢慢收回自身的意識，心智就會變成嚴格意義上的消極因素了。如果缺乏自我調整的思想進入到我們的大腦，就會讓我們的心智處於一個夢境之中，這個過程缺乏直接的回饋。讓我們充分瞭解到，夢境不過是大腦之外的其他方面刺激帶來的不良影響之後，通常就會想辦法去阻止這些事情的出現。讓我們留心自身的身體狀況，晚上睡在一個通風透氣的房間裡，盡可能地遠離外界的任何雜訊，蓋上一些被子，這些睡眠前的準備，都能夠給你帶來一些積極的幫助。

但是，我們特別應該留意自身的消化系統。身體的各個器官所產生的動機，都會記錄在大腦裡，即便一些動機在意識的察覺範圍之外，還是會被大腦全部記錄下來的。在我們睡覺的時候，當絕大多數外在刺激都消退的時候，這些「有機」的動機就會扮演著相對重要的角色。如果在這些時候，消化系統做出了超越其本身應有的行爲，比方說，我們在睡眠之前吃了一些可口的食物，那麼消化系統就會在我們睡眠的時候，給大腦帶來許多干擾性的影響。

在睡前喝牛奶以及其他容易消化的食物，從而緩解失眠的症狀等這些問題，人們對此存在著一個很大的誤解。在這個時候吃這些食物，其實是起到一種治療性的作用，這能夠幫助我們將血液從大腦轉移到胃部，避免失眠症狀的出現，幫助人體能夠持續地修復一些病人大腦裡那些遭受傷害的組織。在每一個例子當中，這都可以算是一種臨時性的行爲。即便一些人在吃這些食物的時候，沒有過分注重數量，只要吃的也都是容易消化的食物，這也是有一定好處的。那些從中得到好處的失眠病人，若是在睡前還吃上一頓好的，那麼他們就會面臨著災難性的後果，這必然會對他們的健康帶來嚴重的影響。

對那些身體健康的正常人來說，在他們將要睡覺的時候，寧願選擇空腹，也不要吃太多的食物，因爲這對於我們的身體是有害無益的。因爲我們已經消化的物質，就會進入到血液循環系統裡面，那麼修復身體遭受損害的部分，就會給我們的睡眠帶來不良的影響。

毋庸置疑，若是當事人每天都被日常發生的事情所騷擾與影響，那麼他所運用的方法，是很難帶來任何積極作用的。當他們面對這樣的情形時，即便是在入睡的時候，依然能夠感受到心靈的焦慮所帶來的各種痛苦。這種對他們大腦固有的刺激，會讓他們對不安的思想做出回饋。這必然需要他們更換自己的生活哲學，才能找到病症的根源。

至於我們從睡眠中醒來的時間這個問題，這同樣是由我們的習慣所決定的。我們也應該盡可能地將起床的時間，固定在某一個時間點上。這就是當我們習慣了某個起床時間之後，鬧鐘所能起到的神奇作用。但是，我們最好在培養良好睡眠習慣的時候，不要過分對此進行測驗。如果你在睡覺的時候，就想著要明天早上五點起床，那麼你很有可能就是在明天五點這個時候起床。但你在晚上睡眠的時候，心智卻會因此處於一種過分活躍的狀態。因此，你寧願選擇鬧鐘提醒你的方式，而不能讓自己的心智，背負這種沉重的意識負擔，從而影響你的睡眠品質。對每個人來說，運用恰當的睡眠方式，可以透過一段時間的訓練，讓我們的心智在早上某個固定時間點上變得活躍起來。這會讓我們對養成的習慣時刻，保持一種警惕之心。在決定具體的起床時間時，每個人都應該按照自身的不同情況去決定。

當你將晚上睡覺的時間固定下來之後，你接下來就需要決定自己在什麼時候起床了。記住，很少人能夠在僅睡六個小時之後，依然能夠保持良好的精神狀態。絕大多數人每天都需要八個小時的睡眠時間，才能夠更好地投入到工作中去。你可以根據自身的情況去進行測試，測試的時間可以是兩個星期，知道自己最低的睡眠時間是多少，然後在這個最低睡眠時間的基礎之上，進行一定程度的延長。另外，如果某個睡眠時間被證明是足夠的話，那麼就可以有選擇地進行縮短。但是，大多數人都覺得，七個小時是他們睡眠的最低要求，只有在保證了這個睡眠時間之後，他們才能夠擁有良好的精神狀態。

一個人是否獲得足夠的睡眠時間的衡量標準，就是看一個人在睡醒之後，是否充滿活力與鬥志，去完成這一天的工作，充分發揮自身的能量，在身體允許的情況下，去完成一些必要的工作。

當我們迅速經過了那一段幻想時期之後，就會發現甦醒之後伴隨而來的意識會全面湧來。我們會感覺到自身健康的一種存在感，能夠感覺到自己充滿活力，意識到自己「能夠甦醒一整天」。然後，我們就會以更大的熱情，去完成自身應該要履行的使命，而不會像那些睡眠不足者那樣，無精打采地工作。

我想，很多人都從未學習過，如何以正確且簡單的方式下床，雖然他們每天都會以各種不同的方式這樣做。早上起來時躺在床上不願起來，這可以說最糟糕的習慣——這樣的習慣控制著絕大多數的人。對那些想要最大限度運用心智慧量的人來說，這就好比是一個陷阱或是一個幻覺。在大腦已經完全甦醒的情況下，依然選擇躺在床上，這說明了你的睡眠並沒有給你帶來充分的活力。要是你習慣了這樣的行爲，那麼你的身體機能，就會很快養成這樣的習慣，讓你無法將自身的能量充分釋放出來。因此，人們在睡眠的過程中，終處於淺層睡眠的狀態，就很容易受到各種不安的夢境的影響。也許，九個小時的睡眠時間要是換成了七個小時的話，那麼睡眠效果可能會更好一些。要是我們讓身體在兩個小時內，處於毫無作爲的狀態，那麼我們富於創造性的思想，就會浪費了兩個小時的寶貴時間。

除此之外，我們還需要質問一點，相同的懶散行爲，是否導致了我們在睡眠狀態時，無法深入感受到甦醒的時刻。我們需要透過良好的睡眠習慣，使自己的身體功能，能夠處於一種完全甦醒的狀態，從而讓我們感覺充滿能量。身體做出的行動作爲一個整體，通常都是持續的，如果這些富於建設性的過程，以一種懶散的方式持續的話，那麼這個具有毀滅性的過程，就可能徹底摧毀我們的睡眠。所有習慣了安穩睡覺、第二天準時起來的人，都必然不會在醒來的時候依然在床上翻來覆去。我覺得，這些人深知一點，就是這樣做對於提高他們的工作效率是有害的。

但是，我們需要明白，這只是適用於早上假寐的情況。在大腦得到了充分的休息之後，我們就已經準備好了投入到工作中去。在大腦經過了幾個小時高強度的工作之後進行「打盹」，是完全不同的一回事。一些人從事著高強度的腦力工作，或是因爲缺乏強大的身體活力，似乎無法擁有足夠的能量，支撐他們一天連續工作十六至十八個小時。這樣的人可以從打盹中得到好處，打一個盹是半個小時左右。即便是這麼短暫的休息時間，通常也能夠讓人的大腦清醒起來，讓大腦得到充分的休息，從而在接下來的工作時間裡，保持清醒的頭腦。

一般來說，大腦並不會在超過身體允許的情況下，去做更多的工作，在正確的時候選擇某個單獨的睡眠時間，這對於我們的身體在一天二十四個小時裡，保持健康的狀態是很有幫助的。那些能夠透過放下工作、更好地進行休息的人，才能夠讓身體感受到自身的活力。這是我們的身體擺脫失眠症的重要一步，這也是我們能夠戰勝人生各種挫折的重要一步。當我們擁有了充足的睡眠、健康的身體，就能夠對理想的幸福有更爲眞實與理智的想法，實現理想的可能性就會大大增強。

第二部分

幸福的問題之心理層面的問題

心智的財富是唯一眞正的財富，其他的東西都會給我們帶來更多的痛苦，而不是愉悅。

——《希臘選集》

第五章　如何去觀察與記憶

記憶與遺忘，都是一樣重要的。好的事情要記下來，不好的事情要遺忘掉。

——《希臘選集》

人會在正義與邪惡中做出錯誤的選擇，很多人都是在無知的時候，做出了帶給他們幸福或是痛苦的決定。

——柏拉圖

也許，沒有比擁有不同尋常的記憶，更能夠直接證明腦力的了。一些具有超常記憶能力的人，時常都會激發其他人的興趣與驚奇。對記憶能力一般的人來說，聽到與此相關的一些事實，眞的是很令人感到震驚。

例如，據說凱撒能夠記住他的兵團裡每一位士兵的名字；貝多芬能夠在聆聽一兩遍音樂之後，就記住最爲複雜的旋律。而某些圖書管理員甚至還宣稱，自己知道某一本書在書架上的位置，同時還知道書的名稱與作者。米德堡的貝洛尼斯，能夠記住維吉爾、西塞羅、韋納爾、荷馬、阿里斯托芬以及老普林尼和小普林尼等人的作品，麥考利則能夠完整地背誦《伊利亞特》與《失樂園》，還能用不同的語言進行流利的背誦。

據說，萊布尼茲爲了增強記憶，就將自己見到的東西全部寫下來，然後再也不讀第二遍。維斯考特・柏林布洛克則按照同一種方式去記住所有內容，在年輕時就閱讀了很多書籍。他曾經還用相同的原因，去解釋其不去閱讀莫雷利字典的原因，也就是說，他不願意讓自己的頭腦，塡充著原本不屬於頭腦的東西，因爲一旦他將這些內容記下來，就不知道該怎樣忘掉這些內容了。

上述的這些例子，都與一般人的情況存在著強烈的對比。我們一般人有時會忘記自己某位親近朋友的名字，有時需要耗費一個星期的時間，才能夠記住某一段旋律，也很難說出一個小型圖書館裡的書擺放在什麼位置，有時更是會將一些自己引用過的話語的作者，忘的一乾二淨。我們這些人需要耗盡一輩子的時間，去學習二至三門外語，想盡一切辦法去諮詢別人，過段時間之後又忘的一乾二淨。我們這些人主要關心的，並不是如何將許多垃圾資訊從腦海裡清空，而是想辦法留住自己學習到的知識。一般人可能會覺得，自己的記憶力不像那些天才們那麼強大，覺得上帝從一開始就沒有賜給他們足夠多的天賦。儘管如此，一般人還是能夠在努力實現目標的過程中，找尋一點安慰。

打個比方，當我們知道了像威廉．漢密爾頓爵士這樣偉大的作家，都會因爲思考很多相互衝突的細節，而無法記住很多事情的時候，我們的內心會好受許多。當我們看到印刷機的發明，給我們帶來的積極好處（它讓每個人都能夠將一些書籍，放在身邊進行閱讀）的時候，就能夠心生愉悅之情。那些具有超凡記憶能力的人，在我們當下這個時代是不多見的，但誰也不能否認這些記憶超群的人的存在，因爲這樣的人是確確實實存在的。若是一個人想要在紐約應聘一個翻譯的職位，他就需要流利地說出九門外語，並且擁有足夠強大的心智慧力，去記住這些語言的內容，並且懂得如何用每一種語言進行書寫。

若是我們從稍微不同的角度對此進行審視，就會愉悅地發現，一些人身上存在的記憶缺陷，其實正是這些人具有良好心靈狀態的表現。我們一般都會假設，無與倫比的牛頓在進行精密的數學計算時，很難記住自己到底取得了怎樣的成就。據說，赫胥黎就曾說過，自己幾乎沒有什麼言語上的記憶力，因此他無法重複別人說過的許多話語。

在我們對這些看似相互衝突的言論，進行認眞審視的時候，就會自然地覺得記憶力的好壞，其實並不是我們爲記憶哀歎或是感到歡喜的原因。解決這個問題的關鍵，可以從這樣一個事實裡找尋，那就是很少人能夠將自身的記憶力，發展成爲自身眞正的一種能力。

毋庸置疑，一些人天生就具有強大的記憶力，但同樣正確的還有這個事實，那就是很少有人願意讓自身的記憶力，有一個公平展現的機會，特別是在這個報紙與書籍氾濫的時代。

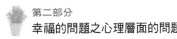

我們閱讀或是聽到的很多事情，其實都並不是我們想像的那樣，也都是不需要我們去記住的。更讓人覺得恐怖的是，我們本來就不該記住每天閱讀的報紙或是文章所說的內容。報紙上所提到的各種話題，會讓我們養成一種敷衍的閱讀習慣，從而讓我們很容易將這些內容全部忘掉。人們還能記住他們所聽到的內容，其實是因爲他們之前處在一個訊息較少的時代。在當今的時代，很多人在吃早餐的時候透過閱讀報紙，瞭解世界上發生的所有事情，這必然會給我們的心靈造成「消化不良」的情況。人們的心智會演變成一個毫無希望的垃圾箱，裡面裝滿了各種毫無價値的資訊，讓他們根本無法記住自己所閱讀的任何內容。所以，他們就是在這樣的閱讀中，慢慢培養了一種糟糕的記憶力，然後反過來哀歎自己的命運不好，認爲自己無法將很多事情記住。

爲了給自然正名，我們必須要談到記憶這方面的話題，那就是記憶具有一種接收功能，這也是每一個心智正常的人，都具有的一種能力，這樣的能力，足夠讓一個人成爲一個「有能力」的人。倘若他們的其他能力都能夠符合這個標準，並且得到恰當的挖掘，他們就會成爲「有能力」的人。對於心智世界裡的記憶發展的各種潛能的描述，這是很多人日常生活都會遇到的常見事情。毋庸置疑，很多讀者都會與朋友在晚餐時進行一次交流，談論一些關於菜單的事情，但他們很快就會忘記。你還記得自己在餐桌上點了什麼菜嗎？你可能早已經忘記了，但是服務員肯定會記住。你可能會說，服務員擁有著非同尋常的記憶力，但事實並非如此。他只是經常遵照培養記憶的基本法則，從而讓自己的記憶能力，可以在一個正常的範圍內做到最好而已。

服務員所運用的生理法則，也能在無意識當中作用於一個簡單的事實，讓他們對此的鮮明印象，能夠變得持久起來。如果你想要在心靈世界裡，對自己的人生進行一次反省，你就會發現某些事情會在一片模糊的背景中，顯得特別明顯。若是你匆忙地進行審視，就會發現你最近一年來所經歷的事情，都可能無法進入到你的心靈視野當中。

這些都是什麼樣的事情呢？某些事情在某個時候給你留下了深刻印象，是因爲它們出現的新奇程度，還是因爲它們的重要性呢？還是兩者兼有呢？比方說，你從學校畢業了，你開始眞正意義上走進這個社會了；你更換了之前的工作或是住所；你結婚了；一位親人或朋友去逝了，等等，這些事情都可能會給你留下深刻的印象。

在我們回過頭審視人生的時候，這些事情就像是一個個里程碑，成爲了我們人生的一個個重要關口。這些事情會在我們的心靈世界裡，留下永久的印記，成爲記憶中難以磨滅的事實。當我們在反思的過程中，沉浸於某些事實的時候，其他的小事情就會進入我們的心靈世界。關於交易的難以計數的細節，還有一些小事情顯然被我們所遺忘了，然而，這些之前被我們遺忘的事情，在某些時刻都會被重新想起來。但在我們已經將記憶的潛能全部挖掘出來的時候，我們必然覺得，當我們回想起了一件事情的時候，已將一千件事情遺忘了。

在我們的許多人生經驗裡，爲什麼只有那麼少的事情，會在長久的記憶裡保持鮮活，而其他的一些事情則會陷入遺忘的大海裡呢？

這個問題的答案就是不斷重複。這是因爲這些鮮明的事實與經驗，都在不斷被我們所重複。但是，爲什麼這些鮮明的事實，會被我們一再地重複呢？因爲這些事情始終都能夠激發我們的興趣。這些事情通常因其具有的新奇性或是某種重要性，讓我們不斷地重複它們。這也有可能是因爲我們對某一件事情產生的恐懼感產生了興趣，但這歸根結底也算是一種興趣，因爲興趣才是我們關注一些事情的原因。在關注的時候，我們往往能夠產生鮮明的心理畫面，這些心理畫面正是我們記憶的基礎。

既然這樣，爲什麼服務員能夠記得住你點了什麼菜呢？這主要是因爲他非常認眞地聆聽你說的話，因爲這樣做符合他的最佳利益。當他認眞聆聽的時候，這會給他的心靈帶來鮮明且長久的印象。這種所謂的「長久記憶」，可能只會持續幾分鐘，一旦他按照這種記憶完成了應該完成的事情之後，這種記憶就會消失。但事情也並不總是如此。在這個過程中，最重要的「控制大師」——我們的習慣——也會加入到這個過程裡面。事物的新奇程度，並不足以讓服務員記住這些菜單，但是不斷重複的記憶經驗，能夠幫助他將這些菜單記熟，從而養成一種習慣。也就是說，這位服務員已經在自己心智的某一部分中，留出了一些空間，專門用於記憶這些事情——因此所謂的教養與進步，其實就是需要我們養成良好的心智習慣而已。

上面這些事實不過是說明了一點，那就是如果一個人想要記住某個自己感興趣的話題，只要他能夠專注於這個話題，認眞地對此進行思考，確保這些需要記憶的內容，在他的腦海裡形成鮮明的畫面，他就能夠充分發揮自己的記憶能力。一個人無法改變自身與生俱來的一些天賦，人的一些身體機能，可能天生就要比其他的一些機能，具有更強的接受性。這甚至可以說與攝像機的感光片一樣敏感。其他的一些身體器官，可能相對沒有那麼強的敏感性，就像是過去那些濕版一樣。所以，我們可以充分地看到，這種即時的「感光片」具有顯而易見的優勢。但我們也需要記住，過去那些濕版要是能夠有充分的時間進行曝光的話，也能夠留下良好的結果。

幸運的是，這樣的一種平行關係，也存在於我們的心智世界裡。對相同種類的事情不斷地進行重複，這能夠讓我們擁有某一種單一的鮮明印象。麥考利就曾閱讀過一首詩歌，並能很快地進行背誦。但是，任何具有一般心智慧力的人如果下定決心，努力地進行背誦，也是可以做到的。一般人可能需要閱讀十遍、二十遍或是一百遍才能記住，但他們最終還是能夠獲得與麥考利一樣的結果。唯一的差別就是所需要的時間不一樣而已。韋伯斯特能夠瞬間看完一頁書的內容，並且瞭解這一頁書的大意，而那些天賦一般的人，可能則要逐行逐字地看，但他們最終也能夠瞭解相同的意思。

顯然，天資聰穎的人擁有明顯的優勢。當我們感歎人生苦短、卻還有那麼多的知識需要去學習的時候，更是會對此發出一番感慨。

但是，勤奮工作的人，絕對不應該認爲人生是短暫的。他們應該這樣說：「人生是很漫長的，漫長到足以讓我有時間去做任何事情。」他們應該知道，像麥考利與韋伯斯特這樣的人，是無法永遠都保持那種過目不忘的狀態的。人類大腦的疲憊程度，其實與他們所做事情的強度相關，而不與他們耗費了多少時間相關。具有接受性能力的心智，能夠迅速完成一些工作，先將其他事情放下來。而那些缺乏接受性能力的心智，雖然工作的效率很低，但最終也能透過長時間的努力，去完成這些事情。人類的發展，並不總是依靠那些行動最爲迅速的人，雖然那些接受性能力較強的人，一開始前進的速度很快，但就像是龜兔賽跑，最後率先衝過終點的卻是烏龜。

要想實現這個結果，就需要我們調整正確的方向，然後進行努力。我們的心智在各個方向，都沒有處於一種受到束縛的狀態，這是值得我們歡喜的。可以在某時刻進行沉思，這能夠說明我們的心靈，其實並沒有受到多大程度的束縛。絕大多數人的雙眼，都能夠透過一扇窗子去看東西。一般人來到田野裡，都必然能看到小鳥，而鳥類學家也同樣只能看到這些而已。即便是鳥類學家，他們也不可能多看到一朵花或是一隻昆蟲。但是，植物學家卻能夠透過認眞的觀察與挖掘，找到許多標本。我就曾看到黃鸝的鳥窩，建在一戶人家的門廊旁邊的榆樹上，但這一家人都說他們從未見過黃鸝的身影，也沒有聽到過這種披著黑黃相間羽毛的鳥類的叫聲。

這樣的一種「半盲」狀態，其實是我們在各個方面都能看到的典型現象。如果一個人認眞地分析與檢視自身的能力，必然會發現這樣的情況。我認識一位具有智慧的女性，這位女性要求一位模特兒站在一處別動，然後她繪畫模特兒的頭部，最後發現自己所畫的頭部方向是錯誤的。也許，這只是一個比較極端的情況，但如果你詢問一下你的一些朋友，讓他們描述一些熟悉的物體，你可能也會得到相似的驚人結果。

對於之前從未接受過訓練的十個人來說，即使他們眼前面對的是一個熟悉的物體，他們對這個物體的描述，也有可能存在差異。描繪者知道自己正在使用自己所瞭解的一些知識，但這些知識可能會扭曲他的認知。

還有，對那些沒有接受過專業訓練的人來說，若是將一幅關於光線與陰影的畫作放在他們眼前，讓他們辨別畫中物體的存在，他們也會覺得很困難。你可以要求朋友認眞盯著眼前的一個球，然後畫出三種不同陰影程度的畫作，第一幅是陰影最深的，第二幅是陰影一般的，第三幅則是陰影最淺的。然後看看他們的眼睛對他們的欺騙程度。藝術學校裡很多這方面的訓練，都不過是爲了訓練學生們的雙眼。

對心智正常的人來說，一般使用的方法都具有天然的不足。特別是當我們需要運用某種感官能力，完成某種必要訓練的時候更是如此。因此，每個人都知道，類似於視覺盲區的障礙，通常存在於我們的聽覺與觸覺上。比方說，那些耳聾的人可能視覺就特別好，這能夠讓他們透過閱讀別人的嘴唇，去瞭解他們所說的話。

這些例子都充分說明了一點，那就是聽覺與視覺的器官，都能夠發育到完美的程度，幫助我們更好地發展。這樣的一個事實說明了，一般正常人的雙眼與耳朵，都必須要接受一定程度的訓練，才能夠達到高效率的程度，前提是只要給予恰當的訓練。

你要學會提升自己的視覺與聽覺，對這些感官系統提出更高的要求，讓它們發揮最大的潛能，幫助你看到或聽到更多的東西。到那時，你將會驚訝地發現，自己的世界會變得與之前不同，你也將充分拓展自己感受樂曲的能力。

一般人也可以用類似的方式進行訓練。只有經過一定程度的訓練，並且付諸實踐，才能夠不斷挖掘之前從未敢想像的潛能。你可能無法像謝爾伍德那樣記下一千份音樂樂譜，或是像皮爾斯伯里那樣，能夠蒙著眼睛下二十盤棋，同時還玩著惠斯特的撲克遊戲，或是像阿薩・格雷那樣說出二十五萬種植物的名稱，但你可以提升自己的記憶能力，讓自己以及朋友大吃一驚。我知道一個人能夠同時下三盤棋，並且還能贏下三個高水準的對手，同時他宣稱自己並沒有任何不同尋常的記憶能力。而很多在其他方面都比他強的人卻無法做到。其實，這樣的人不過是將自身的潛能專注於一個方向，就像一般人那樣，將自己的記憶力拓展到了極限，從而能夠背誦一萬篇文章，或是像一般的伊斯蘭教徒那樣背誦《古蘭經》。

關於激發記憶潛能的最讓人震驚的例子，要數海因里希・施里曼——一位著名的考古學家——的例子了。他發現了古代特洛伊的遺址。施里曼是在年齡相對較大的時候開始學習外語的。經過勤奮的努力之後，他掌握了多門外語，之後學習外語對他來說，就像是打發時間的一種休閒活動。但即便如此，他也沒有展現出驚人的記憶天賦。他相信每一個正常人，都可以透過運用自身掌握的方法，更好地提升記憶能力。毋庸置疑，這是他對自身能力的一種謙虛的表達方式，但這至少能夠說明一點，若是他之前沒有嘗試過挖掘自身的記憶能力的話，他絕對不可能知道自己擁有這樣的天賦。他幾乎是在一種偶然的情況下，運用自己的這種能力的，最後竟然發現了自己在這方面所具有的潛能。如果你願意的話，可以記錄下他的成功之道。他說：

爲了能夠提升我的地位，我要去學習外語。我一年的收入只有八百法郎左右（接近六十美元），其中一半的錢都被我投入到學習知識上了，另一半則用於我的日常生活開銷——可以說，當時的生活過得相當拮据。我的住所一個月要花費八法郎，那是個沒有地方生火的閣樓，每到冬天，我就要與寒冷的天氣搏鬥，而到了夏天則要與酷暑做鬥爭。我的早餐不過是燕麥粥，晚餐的花費從沒有超過二生丁。但是，這樣的艱難生活卻從未讓我有任何退縮，對未來美好的憧憬，鼓勵著我盡最大的努力去學習與進步。

我非常勤奮地學習英文。現實的生活逼迫著我要努力學習這門語言。我的學習方法就是大聲地閱讀英文，而在這個過程中，並不尋求瞭解這些英文的意思。我每天都要上一節英文課，每天都要就自己感興趣的話題寫一篇文章，在老師的幫助下不斷修正我的錯誤，用心地學習每一點知識，認眞複習前一天學習到的東西。我的記憶力不是很好，因爲我從小就沒有對記憶力進行過系統的訓練。但我利用好每一個時刻，甚至要擠出很多時間用於學習。爲了能夠迅速地掌握正確的發音，我在週六要兩次前往說英文的教堂，不斷低聲地重複著牧師所說的英文佈道演說。即便是在下雨的時候，我都沒有中斷過前往教堂。我手上始終帶著英文書，每天都在用心地背誦英文內容，我在等待的時候都在閱讀書籍。

透過這樣的學習方法，我逐漸增強了自己的記憶力。在接下來三個月的時間裡，我發現自己可以毫不費力地，背誦老師所說的內容。在我認眞閱讀三遍之後，就能夠讀懂二十頁的英文內容。我就是運用這樣的方法，去將戈德史密斯的《維克菲德的牧師》與沃爾特·斯科特的《劫後英雄傳》全部背誦下來的。我每天都處於一種亢奮的狀態，睡覺的時間很少，我就將晚上無眠的時間，用於閱讀之前學習過的內容。這樣，我的記憶就將白天閱讀過的內容，牢牢地記錄在腦海裡。我覺得在晚上不斷重複一些內容，這對於加強記憶力是非常有好處的。因此，我成功的在半年時間內，對英文有了深入的瞭解與認知。

接著，我運用這種方法去學習法語。我也是用了半年左右的時間，成功地克服了重重困難，掌握了法語。我能夠背誦法國作家費內隆的《泰勒馬克歷險記》與伯納丁．聖．皮埃爾的《保羅與薇吉尼》。在經過一年不懈的學習之後，我的記憶力得到了極大的增強，我成功地學習了荷蘭語、西班牙語、義大利語、葡萄牙語等語言，學習的過程都是相對輕鬆的，而且，每種語言我只花了六個星期左右的時間，就能夠流暢地書寫與說出了。

我想，很多讀者都會對在語言學習方面取得成功感到困難，這是因為他們沒有像施里曼那樣付出那麼多的努力。如果你像施里曼那麼努力，也許你就能發現自己擁有語言方面的天賦。如果這樣的情況能夠成為事實，那麼這必然值得你去努力挖掘。無論在任何事情上，即便你無法將自身超乎常人的潛能挖掘出來，你也必然能夠向別人證明自己的一些能力。

因此，你希望自己擁有清晰的記憶，就要自己精確地將經驗記錄下來。當你閱讀了某些具有價值的內容時，就要停下來，將思想專注於這樣的事實或是思想，想辦法將這些事情記錄下來。你要時不時地進行重複，直到這樣的想法，能夠牢牢地記錄在你的腦海裡。當你回想自己曾經閱讀的內容時，或是回想起自己的經驗時，一定要努力訓練自己連續的心靈記憶能力，精確地將名字以及事實闡述出來，同時不帶任何含糊或是誇張的色彩。這才是真正重要的記憶方法。你的心智接受什麼樣的內容，這其實並不是很重要，真正重要的是你是否懂得如何利用這樣的內容。一旦你養成了準確地看世界以及瞭解世界的方式，這會讓你更好地瞭解與記住這個世界。而且你還能從感受知識的能量中，得到巨大的啓發。

所有的這一切，都不能掩蓋「重複」所具有的價值。我們在童年的時候，幾乎都是透過接受性的方式去形成記憶的。但在現實生活中，孩子們需要透過不斷重複，才能夠養成良好的記憶習慣。要是學校裡的孩子透過學習算術、語法、地理或是其他科學進行學習，同時運用不斷重複的記憶方式的話，那麼他們只需要用一至兩年的時間，就能夠讀完小學課程了。但是，我們都知道，要想獲得一個高等學位，需要付出多年艱辛的努力。

事實上，雖然很多人都認爲事情正好與此相反，但絕大多數成年人都能夠在某個時候，對這些事情有更爲深刻的瞭解，這與每個人在小時候遇到的情況是完全不同的。比方說，如果你想要學習一門外語，就會發現如果你與自己孩子付出的努力差不多的話，你們掌握該語言所需要的時間也是差不多的。你千萬不能說「我太老了」，而要從今天開始去努力掌握你認爲對自己有用的知識，然後堅持這樣的努力。

著名的觀察天文學家赫歇爾，是在他三十五歲那年，才第一次接觸望遠鏡的，在接下來的幾年裡，他繼續做著音樂老師，維持生計，之後才專心成爲最著名的天文學家。施里曼也是直到他三十五歲的時候，才開始學習希臘語的，幾年之後，他就能像說母語那樣去說希臘語了。伊莉莎白・凱迪・斯坦頓在將近七十歲的時候，開始學習音樂，維多利亞女王在八十歲的時候開始學習印度語。因此，挖掘你的全新潛能，永遠都不會太遲。

讓我再說一遍，實現這種發展的關鍵，就是個人的興趣與不斷的重複——你要去做自己的身心都感興趣的事情，從而讓自己成爲一名優秀的觀察者，然後不斷在記憶裡重複所觀察到的東西。每一位老師都知道，孩子們在掌握他們感興趣的知識時，都會遇到不少的困難。要是一般的孩子能夠相信一點，即學校的課程是具有眞正價值的，並且值得他們付出一生去進行學習，那麼他們在學校學習的時間，其實是可以縮短一半的。問題的難處就在於，孩子們的心智都處於一種固定的狀態。年輕人需要學習語法、代數、拉丁文，以及其他一些對他們日後人生沒有什麼用處的學科，因此他們學習的唯一目標，就是盡可能地通過考試，然後迅速地忘掉這些內容。這些孩子根本沒有意識到，自己正在做這些事情的重要性。而當他們日後回想起來時，才會爲自己的愚蠢感到無比遺憾。

與此類似，一般成年人都沒有意識到，當他放任自己，培養了一種模糊的人生視野以及懶散記憶的習慣之後，這會帶來多麼大的影響。一般的讀者都養成了散漫的習慣。你所認識的每一個男女，都可能在幾個月前，就閱讀了日俄戰爭的記錄，但若是詢問他們一些事件的具體時間以及細節、雙方的主要將領、戰鬥發生的具體位置，他們可能就無法記起來了。可見，任何知識的眞正價值，都建立在你對這些知識的精確瞭解之上。

因此，你要改變這些懶散的記憶習慣，培養對人生眞正具有價值的習慣。你要下定決心，培養自己精確看待事物和清晰記住事情的習慣。當你這樣做的時候，你就必然能夠拓展你的人生視野。你也將能夠提高自己作爲一個具有理性與善於思考的人的人生效率。你將會在認識更多朋友的道路上邁出一大步——這能夠讓你通向成功，讓你能夠追尋到幸福的目標。

親愛的西米啊，我認爲要獲得美德，不該這樣交易——用這種享樂換那種享樂，這點痛苦換那點痛苦，這種懼怕換那種懼怕；這就好像交易貨幣，捨了小錢要大錢。其實呀，一切美德只可以用一件東西來交易。這是一切交易的標準貨幣。這就是智慧。不論是勇敢或節制或公正，反正一切眞正的美德都是用智慧得來的。享樂、懼怕或其他各種都無足輕重。

——蘇格拉底（摘自柏拉圖的《斐多》）

第六章　如何思考

威廉・福布斯說過一句有關文學知識的名言，即「多讀少寫」。而根據拜爾的說法，如果一個曾經學過好多東西的人，之後再去福布斯那裡說，「我聽從了你的建議，我進行了大量的閱讀。」那麼福布斯就會進一步建議他，「未來少閱讀，多思考」。

——一七九八年出版的《人物傳略辭典》

當阿里斯提波在被人問是學習什麼哲學的時候，他回答說：「與世無爭，心無恐懼。」在被問到哲學家與其他人有什麼區別的時候，他回答說：「區別在於——如果沒有法則的話，哲學家依然能按照原來的方式去生存。」

那些對每一種知識都存在興趣，對知識始終充滿好奇、永不滿足的人，可以稱得上是哲學家。

——柏拉圖

當代一位著名的報社編輯，曾跟我談論起他對亨利・沃德・比徹的印象。他說：「他是一個比其他人都知曉更多的人，但他似乎從來都不需要努力去掌握這些知識。比徹似乎僅憑直覺就能知道所有一切，能夠以某種神秘的方式去瞭解各種資訊。」

我的這位朋友顯然是對那位著名的牧師的個性，留下了深刻的印象，然而我認為他的話語還是值得質疑的。當然，任何眞正清醒的分析者，都不會完全接受某一種估計所具有的眞正價值。某個人對比徹的評價，其實不會給任何人帶來傷害，但這樣的評論沒有任何正面的管道去得到證實，使之變成一種眞正的知識，從而讓一般人去學習。要是我們對此持相悖的看法，就等於懷著一些不好的想法。對我們來說，最能確定的事情莫過於，無論是心智高還是心智低的人，他們都是由相同的物質組成的，而且都要遵循相同的行為法則。

就好比在比徹那個例子裡，直覺的知識所帶來的幻覺，都源於這樣的一個事實，那就是心智通常都對外部印象非常敏感，能夠在一個瞬間的過程中，接受到外部的各種資訊，然後迅速地將這些資訊整合起來，接著就將相關的思想，都分列在各種不同的對比系統裡面。

換言之，人類的心智究其本質來說是一個綜合的整體，心智會傾向於在兩種不相類似的現象之間，找出一些相似之處。若是我們從類比的方式去進行推論，就能夠立即從已知轉向未知，然後得出一個符合邏輯推理的結論，這就能夠讓我們更加接近於事實的眞相。

但在現實生活裡，這樣的理智推論，其實只是意志符合邏輯的猜想。要是我們的心智處於一種更爲廣闊且平衡的狀態，我們的猜想就越能被證實是正確的。但是，這些所謂的猜想，最多也不過是一種簡單的猜測而已。在這個世界上，那些創造了劃時代思想著作的人，那些能夠在時代烙下難以磨滅印記的人，通常都是那些每天做著單調沉悶工作的人，正是這樣的人，才能夠將大腦裡的潛能全部激發出來。

如果事情朝著另外一個方向發展，所謂的天才，能夠從平庸的思維過程中擺脫出來，我們這些普通人，也無法追隨天才們這樣的腳步。對我們來說，這樣的一種概念純屬一種瘋狂的狀態，這種狀態中不存在任何絕對意義上的協同性。但即便如此，那些具有最偉大心智的人，也只不過是看到了已知的知識邊緣中一些黑暗地方而已，而且也不能看得更加清晰。那些所謂的革命性思想，其實不過是很多人付出了許多努力之後、無法實現突破時，再由一些人在此基礎之上，輕輕地捅破那一層窗戶紙而已。這些人的心智慧量集合起來，時刻準備著實現這樣的突破，這樣的一種集合思想，是哪怕天才都根本不能做到的。那些心智最高的天才所能做的，也不過是充分地利用自己所擁有的時間而已。荷馬之所以能夠成爲荷馬，是因為創作史詩是他那個時代發出聲音的最自然方式。

若是我們能夠將現在所處時代的一些革命性思想，與之聯繫起來進行思考的話，我們就能夠得出一些不同的想法。這是一種不斷進化的思想。每當人們談到進化這個詞語的時候，誰不會想到達爾文呢？但是，即便是達爾文，也不會宣稱自己是第一個發明了物種進化思想的人。這樣的思想可以追溯到古希臘時代，也許要比古希臘時代還要更早一些。「自然選擇」思想現在被很多人視為是達爾文的思想，但這樣的思想在《物種起源》一書出版之前早就存在了。

拉馬克在達爾文出版那本書前的五十年，就已經公開表達了物種進化的思想。但是，當時的世人尚未能夠接受這樣的想法。達爾文所處的時代，一批具有全新思想的地理學家——赫頓、雷耶、威廉．史密斯、庫維爾以及他們的追隨者——已經創造出了一種全新的思想氛圍，為世人接受物種起源這種全新的思想做好了鋪墊。這與十八世紀其他最重要的科學發明，存在著類似之處，就好比詹納發現了接種疫苗的方法。事實上，詹納向世人所證明的觀點，在數代之前就已被英格蘭人所認知了。但是，這需要一位具有邏輯思維的思想家，進行耐心的試驗，將這種缺乏理論根據的行為，變成一種科學理論，並將之演示給大眾。

這與其他能夠載入科學史冊的發明一樣，其實都並不需要我們具有多麼強大的觀察能力、非凡的記憶力或是不同尋常的聯想能力。很多無法聞名於世的人，其實都要比達爾文或是詹納具有更加強大的觀察能力，無數人都要比他們兩人擁有更好的記憶力，還有許許多多人，都擁有很強的邏輯推理能力。但是，這些人卻沒有充分地運用自身的這些能力，最終一事無成。因爲他們從未讓自己的心智進行足夠的思考。達爾文的理論要是沒有充分的事實作爲依據，那麼科學界的人，必然會對他的理論嗤之以鼻。在他的心智世界裡，所有這些符合邏輯的東西，都能夠幫助他更好地實現這樣的想法——因此，那些關於自然歷史的事實，就像是一本百科全書中的記錄，牢牢地記在了他的腦海裡。與此類似，詹納對於疫苗能夠防治疾病的思想，要是沒有足夠的臨床實驗的事實作爲證明，也根本不會得到任何的關注。因此，他們的大腦透過邏輯思維將這些事實組織起來，更好地將這些事實全部整理出來，從而證明了自己的觀點。

這些例子給我們帶來的第一個實用的經驗就是，我們的心智要想變成一台更加高效的機器，就必然要得到恰當的補給。任何人都無法比自身的經驗更加睿智。但幸運的是，經驗一詞在某種意義上，不僅包括了生活的各種現實，而且還包括了我們透過書籍，去與一個更大的世界進行接觸的可能性。人類學會了透過書寫的藝術，將過去時代的事情記錄下來，然後透過書籍這種媒介傳遞下來，這樣，每一個世代的人，才能夠真切地「活」在作者所處的時代，才能夠在過去積累的經驗基礎之上，更好地朝著未來前進。從事歷史研究的調查者都同意一點，那就是人類單純的記憶，若是沒有書寫文件的幫助，是很難將任何精確的歷史事實，流傳超過兩三代人的。這就是爲什麼關於古希臘與古羅馬的早期歷史，以及其他文明國家的早期歷史，到現在卻變得那麼模糊與神秘的原因。這就是古代那些沒有文明的國家，因爲缺乏了書寫的藝術，從而根本沒有留下任何歷史的原因。

當然，要是我們完全否認過去逝代口口相傳下來的歷史，這也是非常荒謬的。透過這種口述歷史的方式本身，我們也能夠取得一定程度的進步。誠然，人類是經過不斷努力，才發現了書寫這種藝術的——因此，當代的歷史研究者亞瑟・埃文斯就傾向於認爲，人類的歷史必然要比文字記錄的歷史更早一些。當然，埃文斯認爲，人類在掌握文字書寫之前，必然會透過類似於圖畫的方式，去表達自己的思想。我不同意這樣的觀點，而本書也不會去討論這個問題，但這樣的思想至少是值得我們去探討的。

在任何情況下，我們都需要認眞反思，才能相對清楚地瞭解人類的視野存在的狹隘性。任何一種缺乏文字記錄的口述傳統，都有可能在代代相傳的過程中，出現一些謬誤。想像一下，要是世界上所有的書籍財富全部被毀掉，那麼人類將會遭遇怎樣的情況。也許，一個民族的全體記憶就會因此被完全抹殺，今天的人也無法讀到那麼多經典的文學作品。即便是在那個時候有一位記憶超常的人，能夠重新將一本傑作複述出來。想像一下在這個過程中，其他人在道聽塗說的過程中，對原文的篡改與歪曲程度吧——因爲很多人所聽到的內容都會出現錯誤，然後就將這些錯誤傳播給下一個人。要是很多有用的知識都在這個過程中被刪除了，那麼現在的人在閱讀這些內容時，就根本不會做這方面的思考。因爲寫在紙上的文字要更加牢固一些，所以，要是書籍遭到摧毀的話，關於人類的這一段記憶也會隨之消失。

毋庸置疑，人們肯定會對事情的另一方面，提出不同的看法，那就是認爲很多粗糙的東西，也會隨著精華一起消失掉。當然，並不是所有的內容都值得印刷下來。毋庸置疑，若是人類能夠摧毀大部分的不良文化，這對人類的進步反而是有益的。因爲，在那些珍珠般的思想當中，必然也會存在著不少虛假的珠寶。這些錯誤的思想與眞實的思想混在一起，讓我們難以分辨。有很多謊言與迷信，都深深嵌入了我們的思想之中，阻礙著我們的進步。但是，沒有多少人會對這些虛假的思想，產生滿意的心理，而是會想辦法將一些具有價値的知識，全部用書籍的方式記錄下來。誠然，即便是談到了要將某一種思想保存下來的時候，這其中也存在著太多心血來潮的情況。即便是在一些看似沒有雜質的鋼鐵裡，也還是有許多雜質。因此在我們的思想寶庫裡，也能夠看到許多不良的東西。即便如此，我們還是需要努力去找尋那些眞正具有價値的東西。

也許，書籍裡存儲的思想珍寶，需要我們去努力找尋，因爲找尋這些知識，能夠爲我們獲得一種正確的辨別力，提供寶貴的經驗。至少這樣做，符合我們每個人自身的利益。人們也能在這樣一個找尋知識寶藏的過程中，發現眞實的自己。他們可能願意接受那些批判者提出的批判，爲甄別一些經典的作品提出理論基礎。但是，任何批判者都不能說清自己的心智最需要什麼東西。這必然是需要他耐心地搜尋才能夠發現的。當他在瀏覽這些書籍的時候，才能夠發現某位作者的作品，能夠喚起他的心智，對他的思想是有幫助的。你可以說他是在古羅馬皇帝馬庫斯·奧勒留、愛默生、梭羅等人的作品中找尋到的。你的鄰居可能在這些作家的作品中，感受不到任何啓發，你可能也認爲柏拉圖、康德或是斯賓塞等人的作品是沒有啥用處的。

你要爲自己找尋這些思想的寶藏，直到你發現適合自己的作品。在這個過程中，你不需要對任何人的話語，產生先入爲主的看法——當你找到了這些適合自己的書籍時，就會知道你是自己的主人。但是，你也要懂得廣泛地進行搜索，並且始終心懷期望。毋庸置疑，你能夠在數百頁的書裡，感受到自己的人生，你的感受與別人的感受，肯定是不完全一樣的。你可能因爲偶然的機會，在找尋書籍的時候，在圖書館裡某個偏僻的角落，發現了一本自己很想閱讀的書籍，這類書籍能夠讓你擺脫之前的自我，帶給你無限的歡樂，讓你充滿勇氣去面對未來。

當你身在旅途中，可能不經意看到了某位具有憐憫心的作家寫的一本書。你發現了這本書，就像是發現了一位全新的朋友，感覺自己可以得到這位朋友的指引，而且這位朋友永遠都不會拋棄你。不管你有著怎樣的情緒，他都不會對你有任何不良的反應。

要是你面對的不是書籍的話，你很難去感受這一切。如果你沒有學會用友善的心態去找尋書籍的話，你也將很難去感受這一切。如果你一開始就不想要去閱讀書籍的話，你也很難擁有獨立的思想，這是毋庸置疑的。當然，我不是說每個人都應該將閱讀當成一項任務。讀者並不是那些只知道書籍文字的人，他們應該懷著閱讀的熱情，去認眞感受作者的魅力以及書中的思想。沒有什麼比與偉大的心靈進行交流，更能給我們帶來內心的激動了。只有透過不斷與這些偉大心靈進行交流，我們才能夠不斷拓展自己的思維，更好地挖掘自身的潛能。

也許，你們之前也聽到過這個例子，赫伯特·斯賓塞，這位現代的先鋒思想家讀的書並不多。你們千萬不要被這樣的言論所騙到。你們可以翻開斯賓塞的作品，閱讀《第一原則》、《生物的原則》、《心理學》、《社會學》，然後轉向偉大的《描述性社會學》，那麼你們將會發現，一個能夠寫出這麼多書的人，不僅是一位讀者，更是一位思想者。

當斯賓塞說自己沒有讀過太多書的時候，他的意思是，他沒有閱讀太多哲學類、文學類或是其他流行的經典書籍，他其實是在有意忽視他所在時代的那些文學作品。

但是，這些方面的書籍，都不是他的心智所需要的內容。他已經想出了一個能夠囊括一切的原則，他認爲這樣一個原則，能夠包括人類的所有思想。爲了證明自己的觀點，闡述他的哲學觀點，他需要讓自己的大腦，成爲一個裝滿各種明確事實的寶庫。他並不非常需要古代或是之前任何時代的人的思想，因爲他更加在乎他所在時代的科學發展情況。於是，他忽視了一些方面的知識，而盡最大努力去追尋自己想要的知識。他養成了終生思考的習慣，能夠將許多雜亂無章的內容整合起來，這讓他能夠充分地利用自己已經掌握的各種知識。雖然不少批判家說，要是斯賓塞能夠進一步拓展自己的閱讀面，他的作品會顯得更加成熟，對人類思想的發展將會做出更大的貢獻。但即使如此，很多人在這方面都無法遵循他的方式，除非他們首先能夠保證自己，擁有一種強大的分析概括能力。如果你擁有這樣一種能力，你也就不需要在思考的藝術中，接受更多的指導了。

一旦掌握了閱讀的藝術之後，如何運用書籍去掌握知識，就變得重要起來了。你在閱讀的時候，必須要像培根爵士所說的那樣，「要懂得權衡與思考」。你必須要根據不同的知識進行分類，然後將這些知識儲存在大腦的不同區域。否則在你需要這些知識的時候，可能就不知道如何去運用。另外你必須要意識到，懶散狀態下的自我沉思所帶來的危險性。閱讀的主要目標，就是要讓自己擁有獨立思考的思想素材。書籍對於我們思想的有用程度，其實與這些思想能夠幫助我們掙脫思維束縛的程度是相關的，因此，你絕對不能將做白日夢視爲一種全新的創造性思想。

你要學會嚴格控制自己的各種散漫的思想，不時地對此提出各種質疑。如果你發現自己在做白日夢，就要將專注力集中在心智的某一個具體的思想之上。接著，你要扭轉這樣的一個心理過程，追根溯源，詢問自己這樣的思想到底從何而來，你需要找尋這些思想的聯繫，直到你打破這樣的思想聯繫。你會在這樣一條漫長的道路上，發現自己在某一時刻的思想。當你在回溯自己的腳步時，就能夠在梳理這些思想的過程中得到訓練。透過這樣的訓練，你能夠增強自己的記憶力，增強心智的思考能力。你將能夠明白一點，那就是如果一個思考過程不能給你增加一些有用的東西，這樣的思考過程就是毫無意義的。你會驚訝地發現，你可以透過有意識地管控自己的心智，不斷拓展自己的心靈視野，從而更好地展現自己。

著名物理學家牛頓就曾鮮明地指出，他之所以能夠得到那麼多新成果，就是因爲「故意」讓自己的心智，朝著某個想要的結果去追尋。顯然，這樣的發現與哈弗、詹納、達爾文等人做出的發現，沒有任何的不同。即便是在諸如詩歌等一些讓很多人感到不熟悉的領域，這樣的理論也依然是成立的。並不是所有的詩歌創作者都能夠像愛倫・坡那樣，單純按照詩歌創作的機械規律去進行創作。讀者們能閱讀到像約翰・濟慈、雪萊以及丁尼生等人充滿想像力的作品。他們只有透過廣泛的閱讀，對自己創作的詩歌進行認眞的思考，才能夠完成這樣的詩歌，否則他們的「狂熱」思想，也是很難用詩歌表達出來的。創作出經典的詩歌，這其實就充分地表明了一點，那就是這些詩人都積累了很多具體的經歷，然後再藉助他們瑰麗的想像，去將這些經歷變成詩歌。

如果我們承認這些知識所具有的價值，然後將之視爲思考過程中一個必不可少的幫手，我們就無須評論這些知識，因爲這與其中的價值，以及是否存在虛假的內容，都不存在任何關聯。這能夠充分說明一點，那就是這些材料的選擇，能夠直接進入到我們的心智世界。換言之，這是我們的一種有選擇的行爲。因此，心智的功能從一開始就是相對複雜的。如果我準備要承認自然天賦所具有的重要性，那麼我認爲這樣的天賦本身就是存在的。因爲我過往的經驗讓我明白一點，那就是這樣的判斷，在很大程度上是一種內在的東西，與每個個體的行爲都是相當一致的。

我看到過一些孩子在閱讀一些書籍時所，表現出來的判斷力。以他們所處的心智階段而言，我覺得他們所閱讀的書籍，其實是屬於那些接受過高等教育的人應該去閱讀的。唯一能夠評判我們在日常生活中各種行爲的標準，就是常識。常識本身能夠充分說明我們的本性。

這裡談到的常識，幾乎可以囊括這個詞語所有層面上的意義。野生動物就擁有許多常識。我們最早的祖先，在很大程度上就擁有這樣的一種常識，所以他們的子孫也必然需要掌握這樣的常識。只要他們還處在野蠻的階段，或是人類尚未開化的時代，他們就需要那種追求生存的常識。

正是因爲發展起來的人類文明不斷得到傳播，讓這樣的一種常識遭受了損害。但即使是那些最爲成功的人，也幾乎都擁有這樣的一種常識。誠然，擁有這樣的常識，能夠指引著我們走向成功。要是我們缺乏對常識的理解，我們的思想就會缺乏一個系統，所做出的行爲就會變得毫無意義。要是我們能夠得到這種常識的指引，即便我們掌握的知識不是很多，最後也能取得很大的成就。

我剛剛說了這種常識或是判斷，對於每個人來說都是不同的。我說過，一些孩子就能擁有很多的常識，而一些接受過高等教育的人，卻非常缺乏這方面的知識。通常來說，單純獲得知識，這並不能必然提升我們的判斷力。既然這樣，我們又該怎樣去掌握這樣的一種能力，從而實現我們的目標呢？我不能在這裡停下來，轉而去討論這個如此寬泛的話題。但是，我們卻可以立下一個非常基本的原則，作爲我們前進的指引。這個基本的原則是這樣的：要透過對比去審視自己的判斷力，讓你的經驗教育你。畢竟，這才是唯一眞正的考驗。

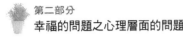

你可以透過研究身邊的人，觀察他們的行爲，注意到他們做出各種決定所表現出來的品格。你將會發現，在你所認識的一些人當中，他們似乎總是那麼「幸運」，而其他一些人似乎總是那麼「不走運」。前者能夠在他們想要追求的事業中取得成功，而後者則通常會遭遇失敗。但是，我們在這裡運用「幸運」一詞，其實是不那麼正確的。那些所謂的幸運之人，其實是那些擁有更好判斷力與常識的人。而那些習慣性的不走運之人，其實就是缺乏一些最基本的常識。

因此，我們應該努力去研究那些成功之人，如果你能注意到這些人，在某些情況下做出的各種決定，你將能夠在選擇性的判斷中，獲得寶貴的人生經驗。與此類似，你可以分析自己所做出的決定，透過這些決定最後帶來的結果，去對此進行評判，記住，即便是最好的結果，有時也會面臨著一些問題。但是，良好的判斷力有時並不能完全避免相同的錯誤不斷出現。我們可以說，這樣的分析其實是針對一些個體情形的，我們在一般的情況下，還是要遵循個人經驗的指引。

如果你們有機會在某些實驗性科學領域中，接受某種特殊的訓練，就有機會對此進行總結歸納，例如，細菌學、生理學或化學等學科。比方說，你在實驗室裡接受的訓練，能夠讓你用少量的化學用品，與另外一些物品混合，從而產生一種全新的物質——這樣的物質可以是氯化鈉，可以是燃燒的金屬或是一種化合物。在你進行多天的嘗試之後，可能會將這些物質回歸到原來的狀態——使其與之前的狀態，無論是在品質還是數量上，都處於完全相同的狀態。當你掌握了這樣的操作方法時，就能掌握精確的運算方法，瞭解事情的前因後果，而不是單純從這個化學實驗中，瞭解到自己想要的東西。那些從事這些實驗的學生會發現，化學實驗可能會導致很多結果，但他們知道這其中根本不存在任何運氣的成分。他們可能會不小心將一些試劑倒在其他地方，所以導致了實驗最後的失敗。

因此，對某種思想進行檢驗，這屬於判斷力的範疇。判斷能夠對創造性的思想進行檢驗，讓我們天馬行空的想法，得到一定的限制。判斷能夠讓我們知道，思想要想具有價值，就必須要能夠清晰地表達出來——因此這些能夠清晰表達出來的思想，必然是可以得到世人理解的。當我們充分發揮自身的判斷力之後，就會發現這樣的判斷力，能夠幫助我們避免犯很多錯誤，擺脫內心相互糾纏的想法。但是，我們也絕對不能忘記一點，那就是必須要面對選擇性功能所帶來的一些危險。

在一些情況下，這可能會讓我們過分小心，讓我們始終停留在內心的保守主義中。比方說，當代的一些歷史批判者，就犯了不少這樣的錯誤。他們認爲過去的事情，能夠解釋未來的一切事情。他們應該改變這樣的思想，改變他們對過去的看法。他們讓我們明白一點，那就是尼祿從很多方面來說，都是一個英明的君主，而馬庫斯．奧勒留則並不像人們所說的那麼英明。宗教對人類的歷史發展，其實影響並不大。他們對於征服者威廉所取得的豐功偉績不是很認同。至少，他們輕描淡寫獲得勝利所需的那種天賦。他們讓我們看到了歷史上的拿破崙，其實是一個相當平庸的人。

但是，如果你們不想局限自己的想像力，就必然要擺脫這種過分小心的評論。你可以相信一點，那就是歷史上的很多偉大人物，都是被後人的一些想法所定義的。你們能夠回想起這樣的思想，並不單純因爲這些思想是全新的。你知道這些歷史指引所給予的一些標準是相當狹隘的。

我們還必須要承認，過去的歷史同時給我們帶來了許多錯誤的思想，特別是在一些錯誤的方法上。誠然，影響人類進步的最大敵人，就是偏見與先入爲主的觀念——這些都是我們從過去人們那裡所繼承下來的思想。就像鏡子裡出現的影像，並不能眞實地表現出原來的事物。

你應該努力讓自己的思想，擺脫這樣的成見，你可以對另一個自我說：「過來吧，讓我們進行理智的探討，從而更好地討論你所持有的信念。你相信這樣的事實——但爲什麼會這樣呢？在宗教層面上，你也許是一位天主教徒，有可能是一位衛理公會派的信仰者，或者是一位信奉伊斯蘭教或佛教的人，但爲什麼會出現這樣的情況呢？從政治層面來說，你是一位共和黨支持者、民主黨支持者還是所謂的獨立人士呢？但爲什麼會出現這樣的情況呢？你是否有理智地思考過，每一種信念所具有的好處與壞處，你是否權衡過每一方所呈現出來的證據，從而讓自己能夠做出一個不偏不倚的決定呢？

「還是說，你從小就繼承了這樣的信念，就像你從小就繼承了你的頭髮與眼睛的基因呢？你之所以是一名基督徒，難道就是因爲碰巧出生在歐洲或是美國，而沒有其他更好的原因嗎？要是你出生在西亞的話，難道你也會毫無疑問地接受伊斯蘭教嗎？你之所以是一位共和黨支持者，是因爲你出生在麻塞諸塞州嗎？你之所以是一位民主黨支持者，是因爲你生活在喬治亞州嗎？或者說，你所信仰的理念，是否存在著某種吸引你的地方呢？你作爲一個有智慧、有選擇能力的人，你是否相信自己所信仰的東西呢？」

當你面對鏡子看著自己，勇於運用自身的質問精神，對自己的心智進行挑戰，你會對自己給予的回答感到滿意嗎？你所給予的回答能夠讓你明白一點，那就是你的心智「是一個冷漠、清晰卻又充滿邏輯的引擎」嗎？還是這讓你明白自己所說的理智，最後竟然是偶然的機會所產生的一種幻覺而已。你是否能夠驕傲地說，你已經能夠透過擺脫各種迷信、錯誤的先入爲主的觀念，或是各種荒唐、相互矛盾的宗教理論，從而讓自己的心靈得到救贖了？你能夠在某種程度上勇敢地宣佈，自己已經成爲了一個心靈自由的人嗎？如果你不能做到這點的話，那麼你是無法感受到歡樂的，你只能感受到恥辱。這就印證了笛卡爾生前說的一句話「我思故我在」，而你並沒有眞正地進行思考。對你來說，大腦已經結滿了厚厚的蜘蛛網，並且隨著你活的時間的增長，灰塵會越積越多。你的心智也因此佈滿了灰塵，就像從來沒有打掃的閣樓堆滿了灰塵一樣。

不談所有偶然的事情，你的心智也可以擁有更爲強大的潛能。如果你能夠努力清掃大腦中的灰塵，定時存儲一些有用的思想，你就能拓展自己的思維。如果你能夠勇敢地挑戰自己所持的一些先入爲主的觀點，下定決心再也不成爲這些觀念的奴隸，你就能夠成爲一個眞正意義上的理智之人，而不是一個單純的思想機器。如果你對關於人生的觀點產生興趣的話，你就能夠挖掘自身之前從未想過的創造性能量。我覺得，憐憫之心是想像力的源泉。即便你以最小的程度去表現出來，你也能夠感受到創造性思維所帶來的愉悅，能夠在某種程度上，與別人分享自然賜給你的天賦與才能。你將會擺脫之前的自我，找到人生的眞正含義。你能夠將過去的自我拋棄掉，成爲最好的自己。

第七章　意志與方法

所謂的幸福，不過是心智處於一種健康與完美的狀態。

——馬庫斯・奧勒留

那些不瞭解智慧與美德的人，始終都會想辦法滿足自己的感官刺激，他們根本不會去追求任何具有價值的東西。他們會以隨意的方式，去面對自己的生命，所以從未能夠進入眞正意義上的上層社會。若是我們對這些人進行認眞的觀察，就會發現他們始終沒有找到屬於自己的、眞正的人生道路，他們也沒有成爲眞正意義上的人，他們也從未嘗試過眞實且持久的樂趣。

——柏拉圖

任何人心智裡的思想，都能夠迅速轉變成一種能量，並且成爲做好事情的重要工具。

——愛默生

意志就是心智的方向舵，意志並不會幫助我們，推動人生這艘航船不斷前進，而是負責給我們提供指引。那些沒有堅定的意志能量與堅定目標的人，就像是一艘沒有方向舵的船隻。這樣的人，就像是被遺棄在汪洋大海裡的人。他們只能夠隨波逐流，跟隨著每時每刻的風浪去轉動。因爲他們缺乏把握自己人生航向的能力，所以他們只能夠跟隨著每一個海浪而漂流，雖然這會將他們帶到危險的處境，讓他們被重重波浪弄得粉身碎骨，或是讓他們陷入毫無憐憫可言的漩渦當中。只有意志能量以及這種能量本身，才能夠指引他們遠離這些危險，讓他們能夠勇敢地面對各種危險的風浪，引領著人生這艘航船，進入一個預期的港口。

換言之，正是意志能量本身，保證我們在人生的任何領域中，都能取得成功。如果一個人缺乏這樣的意志能量，他就是消極被動的，只能被動地接受著外界的任何影響。感知能力、記憶能力以及各種聯想的能力，可能會爲我們的自我意識，提供許多物質材料。但是我們需要記住一點，那就是這些能力爲我們提供了感覺、想像以及保持理智的能力，但這些能力本身只是爲了自身而存在的。這樣的能量永遠都無法讓意識的存在展現出來。這只能夠將我們的一些印象呈現出來，卻無法給我們帶來任何好的回報。

另外，心智究其本質來說是具有反應性的。這種身體機能其實就是我們感受外界印象的媒介，這同時也是我們做出回饋的一種媒介。這種回饋本身是非常簡單的。這包括我們需要對原生質身體的分子，進行重新的調整，因爲這樣的身體調整，會影響到我們整個身體的活動行爲。在更爲高級的生命形態裡，我們會將之稱爲肌肉的收縮。唯一可見的事情就是，擁有最高形態心智的人，能夠對外部的任何動機做出回饋，那就是讓身體做出這樣的肌肉收縮行爲，讓這樣的行爲與我們的心智，處於一種無法分離的狀態。

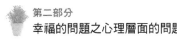

因此，心智所具有的這種回饋性能力，就其本身來說是簡單的，這與我們接受性的能力是相當的。但是，這樣的結果在不同的情形下，也會變成一個非常神奇的複合體。即便是結構形態最爲簡單的有機體，都能夠對外界加在它們身上的刺激，做出即時的反應。但是，更爲高級的生命有機體，則能夠在瞬間接受眾多的刺激，讓我們很難在瞬間，就對這些刺激做出充足的反應。但是，這能夠培養我們對某些行爲做出回饋的能力，或是將這些能量透過其他方式轉移出去。一些回饋行爲是會被禁止的，而其他一些回饋行爲，則會超越它們之前正常的反應範圍。這種一方面出現抑制行爲，另一方面出現擴張行爲，其實都是自願的表現。

關於這種功能的第一方面，其實與這種功能的第二方面是非常類似的，雖然很多分析家都會忽視這樣的事實。

意志所具有的能量，其實就是這種形態發展到高級狀態時的一種表現，這能夠在那些不是嚴格意義上的心靈能量中產生，但是這樣的一些能量，能夠超越這些方面，從而給我們帶來一些動機，然後決定這些感官刺激，是否值得我們做出回饋，意志瞭解各種集合思想的某一種具體形態，是否能夠透過肌肉做出外在的表現。一旦這樣的行爲被我們的意志所決定，那麼就是爲我們沿著某個方向做出反應敞開了大門，讓其中積累的一些能量能夠釋放出來。這個過程讓我們很難追溯其中的能量，也無法讓我們對其中的能量，做出任何的回饋。

身體機能無法釋放出它們沒有接受到的任何能量。但正如一些人所說的，抑制性的反應所累積下來的能量，能夠透過某個管道釋放出來，這釋放出來的能量，能夠對我們擁有的這些能量產生重要的影響。我們絕大多數複雜的行爲，都是對外界一些無關緊要的刺激做出的，但這些事情的重要程度，則與各種反應密切相關。這與一位家庭主婦發現了家裡的客廳，出現了一塊骯髒的污泥時，就將整個房子都打掃了一遍類似。

因此，簡單地說，意志其實控制著我們心智與環境之間的活躍關係。更爲重要的是，意志甚至左右著那些被動接受的功能，因爲它可以讓我們對外界衝擊做出反應。若是我們對這樣的能量進行對比的話，就可以發現心智在其他方面的能量，似乎在不斷縮小。這似乎變成了控制狀態的重要能量。我們可以充分利用這樣一種身體能量，因爲這是一種本質上極爲敏感的能量，這會給我們留下如同印刻在大理石上的文字那樣深刻的印象。這其中的關聯是廣泛且強烈的，同時還具有清晰的邏輯性。如果我們的意志拒絕做出恰當的回饋，或是拒絕身體感受到的一些全新感覺，那麼我們又會面臨怎樣的問題呢？

這就是很多非常優秀的人到處碰壁、無法取得成就的重要原因。我們中絕大多數人都能回想起一些大學同學，他們可能擁有極強的天賦——他們具有很強的接受能力，擁有很強的記憶力，同時還擁有著強大的發散思維能力——但這些人在進入了現實社會之後，卻變成了徹頭徹尾的失敗者，因爲他們未能準確地指引自身的能量，沒有將自身的才華集中在一些目標之上，因此他們始終都無法眞正找到適合自己的人生位置。要是這些人能夠將自身的能量專注於某一方面，然後堅持沿著一條道路前進，他們可能就能夠取得極爲輝煌的成就。

但是，這些人所具有的強大的感知能力，讓他們失去了甄別的能力，這反而成爲了他們前進的最大障礙。他們所具有的強大感知能力，讓他們能夠看到很多領域，從而讓他們偏離了原先最適合自己的人生道路。當他們的意志能量出現了動搖，或是不斷轉移方向的時候，他們的能量就會因爲沒有專注於某個目標而漸漸被消耗掉。與此同時，那些天生接受能力稍微差一點的人，雖然在上學的時候成績排在全班倒數，但是他們卻能夠充分發揮自身潛在的能量，最終達到了更高的人生高度。最後，他們成爲了取得巨大成就的人。

很多讀者會認爲，當我這樣說的時候，似乎是將意志與判斷混淆了，但是並不存在這種所謂的混淆。判斷是理智過程的最後一步，也是意志出現之前的一步，因此這兩者存在著緊密的關係，有時我們很難將這兩者完全區分開。但是我現在所談到的例子，是人們具有良好的判斷力，但他們做出的決定，無法透過意志得到執行。當然在很多例子裡，我們可以看到人們做出的判斷本身就是一個錯誤，但這些錯誤卻根本不是我們所關心的。人們心裡知道，在一些情況下，理智具有的能量是沒有任何缺陷的，做出的判斷也是清晰且富於邏輯的，但他們的意志卻不支持他們這樣去做。

讓我從日常生活的經驗中，舉出一個典型的例子吧。一位具有雄心壯志的年輕人，下定決心想要成爲某個知識領域的專家，他做出的判斷告訴他，這樣做對自己是有好處的。我們可以說，他下定決心，要掌握某一門外語。他充滿熱情地投入到這項工作當中，在第一天的時候投入數個小時進行學習，也許在接下來的一周時間裡，他都能這樣去做。之後，他的熱情在慢慢地消滅，在第三周的時候，他已經暫時放棄了學習外語的動機。半年之後，他已經徹底遺忘了學習外語這回事。

在這個過程中，我們可以清晰地看到，這位年輕人始終都沒有改變自己的判斷。他完全相信自己在半年內掌握某門外語所具有的好處，這一點與他剛開始學習這門外語時的想法是完全相同的。也許他能夠在學習外語的過程中，實現個人的成長，而不是像現在這樣一事無成。也許他下定決心去做其他事情，並且已經開始了，但是他這樣的行爲，不過是重複之前的經歷。很有可能，在十年之後，他依然都沒有掌握好哪一門外語，即便他想要學習這門外語的願望，還是跟十年前一樣強烈。而他對這門外語的瞭解，依然停留在第一個星期所學到的那些內容。根據我的觀察，絕大多數人之所以失敗或一事無成，其實並不是因爲他們在感知、記憶或聯想能力方面存在缺陷，而是因爲他們的意志能量缺乏一種連貫性。

但若是我們換個角度去看的話，那些具有意志連貫性的人，卻必然能夠取得勝利。這些人在準備學習某門語言的時候，沒有讓任何其他事情阻擋自己實現目標。在一周結束之後，他們的學習進度，可能沒有其他學生那麼快。但在十周或是二十周之後，他們依然在努力堅持著學習。六個月之後，他依然像一開始那樣，投入那麼多時間去學習。他始終堅持著自己的目標，每天不斷增強自己對這門語言的瞭解。當他掌握了這門語言之後，又開始掌握其他方面的知識。

當然，我列舉學習語言的例子，不過是爲了充分說明這個道理而已。那些在學習語言上躊躇不前或搖擺不定的人，在面對人生其他重要事情時，同樣會表現出這樣的問題。而那些在學習語言上表現出堅定毅力的人，同樣能夠在其他方面，表現出相同的毅力與決心。所以說，那些天資聰穎的人，可能無法取得巨大的成就，而那些看上去愚鈍的人，卻最終能夠在人生的戰役中，取得輝煌的勝利。

感知、記憶與聯想能力，這些都是我們成就人生的基礎，但意志力卻是我們人生的建造者。在現實的物質世界裡，要是沒有了最優秀的石匠去壘砌的話，即便是品質最好的磚石，都無法堆砌成任何有價值的東西。因此一些人曾說，意志是心智的國王，其他的心智功能都必須要臣服於意志之下。只有在意志的幫助下，我們才能贏得人生的戰役，若是沒有了意志的幫助，我們最終將一無所有。要是拿破崙的軍隊沒有了拿破崙，那還是一支百戰百勝的軍隊嗎？

這些論述的主要目的是爲了說明，想要成爲優秀的人，必須要努力尋求對自身意志的控制，而不要讓意志盲目地對自身的功能進行控制。每一位傑出的國王都擁有順從的臣民，因爲他的意志已經接受了嚴格的訓練，讓自身的意志能夠將心智的其他能量牢牢地控制住。絕大多數人都擁有很強的感知、記憶與聯想能力，從而能夠實現人生的目標，但前提就是他們需要給予自己恰當的指引。很多人都熟悉這句話，那就是每天投入一個小時去學習某樣東西，一輩子下來就能成爲這方面的專家。但很少人願意每天去這樣做，雖然他們可能對知識有著強烈的渴求。他們眞正缺乏的，就是堅定的意志指引能力。

學校教育的主要目標，就是彌補學生在這方面存在的缺陷。大學教育本身所教授的知識不是很重要，但是培養學生的自我意志控制能力，這才是最爲重要的，因爲這爲他們未來的人生，打下了重要的基礎。這就是教育所強調的「心靈自律」。當然，我們在其他方面的能力，也應該得到均衡的培養。當我們的感知能力變得越來越強時，記憶能力就會更加可靠，各種思想的對比，也會變得更容易被我們所接受，我們就能夠取得一定程度的成就。但是，最重要的事情，是我們需要養成堅定的意志控制能力。

這就是那些優秀的學生必須要努力學習、才能夠趕上那些天資聰穎的學生；而那些天資聰穎的學生，卻在之後的人生中毫無成就的原因。因爲那些天資聰穎的學生，從沒有進行任何意志自律方面的訓練，因爲他們只需要稍微進行學習，就能夠跟上一般人前進的節奏。而那些天生「愚鈍」的學生則必須要努力學習，才能跟上別人的腳步，但他們能夠在這個追趕的過程中，學習到最爲寶貴的東西，那就是充分運用自身的意志能量。這也是他們在大學期間，所能夠掌握的最好的一種技能。

很多具有天才的人，無法從大學教育裡得到任何好處的原因，就是他們天生就擁有很強的運用能力，但大學設置的課程，反而阻礙了他們能力的發揮，無法幫助他們培養自我意志控制能力，讓他們無法專注於某個具體的目標。愛默生說：「那些能夠始終追求著目標的人，是無比幸福的。」爲什麼呢？因爲這些人爲了追求某個具體的目標，始終能夠運用意志的能量，去對自身的動機進行控制。

那些天生沒有這種與生俱來能力的人，要想取得人生的成功，就必須要努力培養這樣的能力。爲了實現這個目標，他們在成長時期所處的環境，就變得很重要。一個接受過恰當教育的年輕人，在面對人生這場戰役的時候，若是已經培養起自我意志控制的能力，他必然能夠取得最終的勝利。

但是，如果他們未能接受這樣的教育——這也是很多大學生無法取得成功的原因——那他們應該透過什麼樣的自我學習進行彌補呢？當然，意志本身無法自行變得強大起來。可以肯定的是，即便這是可行的，也必然不是以直接的方式表現出來的，但這可以透過身體養成的傾向這種間接的方式來實現。一旦我們養成了始終沿著某個方向前進的堅定的意志，我們就能夠取得成功。在這之後，無論是心智層面還是身體層面上的習慣，都是能夠透過行動本身去形成的。

我們養成的各種身體習慣，都會對我們的心靈產生影響，當我們的身體養成了爲了實現目標而行動的習慣之後，我們的意志就能幫助我們擺脫身體的惰性，擊敗我們人生中最可怕的敵人。

接受過心智自律訓練的人，必然會讓自己的身體做出自律的行爲。自律並不是容易做到的。我們的身體總是想辦法沿著阻力最小的道路前進，但這樣的道路卻無法給我們帶來任何進步，只能讓我們走向墮落的深淵，讓我們回復到一種原始的狀態。身體與心智都必須要接受嚴格的訓練，才能有正確的行爲。只有當正確的行爲變成了阻力最小的道路之後，我們才能很輕鬆地做出最輕易的行爲，也就能不斷提升自己。

正如我之前所說的，絕大多數人終其一生，都沒有掌握恰當地在早上起床的方法。當我們的身體機能需要休息的時候，睡眠的習慣就會形成。在早上起床，這應該是我們最容易養成的習慣，也是最爲自然的習慣。很多人在甦醒的那個時刻，都會感覺到意識又回來了。康德在長達三十年的時間裡，每天都在同一個時刻起床。但絕大多數人都會在床上，度過他們一天中最寶貴的時間，或是極不情願地下床。他們接下來一天的工作，不過是重複著早上的情況罷了。

在某個時間，我們應該自動地投入到工作中去，而不是懷著不滿情緒不情願地參加工作。這應該成爲我們的心靈與生理習慣。絕大多數成功的藝術家與作家，都能夠明白這個道理。他們不會坐等靈感的到來，而是驅動自己在某個時刻投入到工作中去，在工作中將任何不滿的情緒全部清空，直到他們圓滿地完成工作。日有所寫，日不虛度，正是基於這樣的法則，他們才創造出了流傳世代的傑出作品。最終，他們在某個特定時間點去做某事的習慣，就這樣固定下來了。在那個時候，投入到工作中去，會讓他們感到非常容易，他們也不需要專門去找尋靈感，就能夠自然而然地完成天才的作品。不斷的訓練即便不能帶來完美，至少也能夠帶來提升。但是，這樣的訓練必須要持續且不能中斷，直到我們養成了這樣的習慣。我們的意志必須要始終與身體的惰性進行搏鬥。漸漸地，我們的身體就會自然而然地去做某些工作。最後，之前任何阻擋我們投入到工作中的事情都會消失，我們就能處於一種高效工作的狀態之中。

如果我們不斷地進行自我檢驗、自我審視，懷著不斷前進的勇氣，讓心智指引前進的方向，那就必然能夠取得人生的成功。成功或失敗必然是你個人能力的最終檢驗，你要能夠追尋自己在最爲理智的時刻所定下的目標。當你有了這個目標作爲前進的方向，就能夠沿著這條路去追尋幸福的世界。

第八章　自我認知

難以阻擋的權力與巨大的財富，在某個階段可能會給我們帶來安全感，但一個人的安全感，在一般情況下，取決於他的心靈的平靜以及擺脱野心的羈絆。

——埃皮克提圖

德爾菲神諭上刻著兩句話，這兩句話適用於每個人的人生。一句話是「瞭解自己」，一句話是「過猶不及」。這兩句話是其他格言建立起來的基礎。

——普魯塔克

埃里胡·巴里特——這位「學識淵博的鐵匠」——就是運用知識能量最完美的例子。他曾經發表過一篇演說——《詩人是創造出來的，不是天生的》。之前的章節所提到的內容，就已經證明了這個觀點。但要是我們說每個人天生都面臨著一些局限，都無法做好一些事情的話，則是完全荒唐的說法。即使每個人從小認眞學習，也不一定都能夠畫出《最後的晚餐》、《最後的審判》等畫作，也不是每個人都能夠創作出《哈姆雷特》或《浮士德》這樣的作品。那些體重超過一百二十磅的人，是很難成爲優秀的運動員的。顯然，每個人在心智方面遭遇到的局限，其實要比我們身體遭受的更小一些，即便這些局限，幾乎都是很難去眞切感受的。

要是我們擁有智慧，就必然會認眞留意古希臘雕刻家尤努斯說出的一句箴言。據說，這句話被雕刻在一個祭臺上，這是一個不僅屬於霍普、還屬於涅墨西斯的祭台——「以前，你可能沒有這樣的希望，但之後你可能不會希望太多」。

來自其他人的箴言，可以從古希臘的神殿大門上的字句表達出來，「勇敢，勇敢，勇敢」。但頗爲有趣的是，最後一道大門上寫著「不要太勇敢」。在這種看似相互矛盾的文字之間，有著一種眞正的哲學。有時我們所認爲的勇敢，只會變成有勇無謀。還有一些限制是我們所無法突破的。對於一般人來說，他們必須要承認，自己的確沒有能力去實現一些目標。

對於每一個個體來說，他需要提出這樣一個實質性的問題，那就是他個人的野心，是否存在著這樣的限制呢？

我們只有一種方法，回答這個極爲重要的問題，這個方法就展現在泰利斯的這句格言當中，「瞭解自己」。你需要認眞研究自己的個性以及心智的能量。你可以將自己的心靈特質，與別人的心靈特質進行一番比較。否則你的這種研究可能沒有任何好處，因爲若是缺乏比較的話，你必然會成爲自我幻覺的受害者。你的自我分析方法，會讓你更加強調自己想要擁有的特質，你將會透過視覺化的方式，去想像自己眞正應該擁有什麼。

唯一眞正的考驗，其實就是我們如何去與別人進行對比。正如一位冠軍級的運動員，只有在與其他優秀選手進行對比的時候，才能夠發現自己所處的眞正水準。所以，你也應該讓自己去與別人進行一番比較，只有這樣，你才能知道自己所處的位置。在這個世界上，我們之所以見到很多人無法找尋到幸福，就是因爲太多人都無法找到適合自己的人生定位，這樣的情況，絕對不僅存在於少數人身上。這也絕對不是因爲一些人，將自己的人生目標訂的太高，而是因爲太多人將自己的目標訂的太低了。對那些目標訂的比較高的人來說，這反而能夠更好地激發他們的潛能。

對你個人能力的考驗，其實始於你在學校讀書的時候，但在學校的一種比拼結果，並不能視爲最後的結果。很多擁有一定能力的年輕人，都會被證明是某個行業內的優秀人才，前提是他們要得到展現自身能力的機會。但是這樣的情況畢竟是很少數的。一般來說，一個人的能力幫助他在某個方面取得成功，其實這也能夠幫助他在其他方面取得成功。我們必須要將這個過程中眞實付出的努力計算在內。一些學生通常無法取得成功，就是因爲他們從未眞正地想過要努力前進。無論面臨著怎樣的情況，你在商界或是學術界的早期生涯，都能夠讓你對自身的能力有所瞭解，讓你明白自身的眞正興趣，是絕對不能被輕視的。

如果最初的努力證明了自己的能力超出一般人，那麼大多數青年人就面臨著一個問題，而且對於這個問題的解決，也許決定著一切，尤其是他們未來的幸福。這個問題就是生活在鄉村、還是生活在城市的問題。因爲一些人可能會認爲，只有少數的領袖是出生在城市裡的。當今的這個時代與之前的時代一樣，鄉村依然是誕生絕大多數偉大之人的地方。儘管如此，很少有眞正的領袖，會願意滿足於鄉村的生活，他們都想要來到人口的中心——城市——去打拼一番。

誠然，對絕大多數年輕人來說，無論他們的心靈處於怎樣一種狀態，生活在農村，似乎都會讓他們覺得人生停滯不前，而城市的喧囂與繁華，則能夠讓他們感到充滿生命力。他們能夠在城市裡獲取財富以及影響力。很多人都想著在城市裡不斷實現進步、實現人生的目標。對很多心智活躍的年輕人來說，他們希望透過自身的努力奮鬥去追求卓越、實現目標。

對很多懷抱遠大志向的年輕人來說，在鄉村或是一個小城市裡工作，這讓他們感到過分狹隘，所以具有很強自我意識的人，難以忍受這樣的束縛。

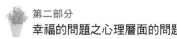

按照這樣的觀點，必然存在著一些理性的看法。世界上所有最具創造性的作品，幾乎都是在城市生活所帶來的刺激下完成的。我們也不能否認一點，那就是城市生活所帶來的激烈競爭，能夠激發人們內心的許多激情，讓他們勇敢地追求進步，不斷提升自己的能力。因爲這種自我提升的野心，就是世界不斷進步最重要的動力。「滿足的心靈，能夠讓我們始終感到人生的樂趣」——但是，那些只想著大吃大喝的人，永遠都無法感受到內心的平和。我們還必須要明白這樣的道理，那就是「知足常樂能讓我們過的更加精彩」。但並不是每個人都能夠明白這一點，即饑餓其實要比暴飲暴食，更能刺激我們的人生，讓我們勇敢地掙脫枷鎖，勇敢地實現自己的夢想。

可以說，在饑腸轆轆的時候，很多人能夠創造出許多推動人類進步的事物。要是人類始終都處於一種飽食終日、無所事事的狀態，他們就始終都無法從原始的獸性裡擺脫出來。正是身體的饑餓，讓獅子想方設法去找尋獵物。正是饑腸轆轆，逼迫著原本躲在山洞裡的原始人，努力思考全新的武器、思考全新的攻擊獵物的方法，從而幫助人類走上了文明的道路。只有當我們的心靈因爲「饑餓」，不斷激勵著我們的大腦時，人類才能夠擺脫那種缺乏節制的飽食狀態，推動著文明不斷發展。

我再次重申，我們必須要留意一點，那就是絕對不能貶低雄心壯志對人類進步所起到的作用。每一個具有天賦的人，都能夠對這個世界的發展做出貢獻。歷史上那位「沉默且默默無聞的彌爾頓」，早已經被世人所遺忘，因爲他沒有做出任何值得人們銘記的事情。但是，那一位勇敢地發出自己聲音的彌爾頓，透過自身的作品，向世人展現了他的才華，最後被世人所銘記。若是他從不知道自身所具有的潛能，從不去努力地追求進步，他是永遠都無法做到這些的。

所以，當我們看到來自鄉村的年輕人，就可以發現他們的眼神，充滿了對成功的饑渴，希望能夠投入到城市生活的漩渦當中，勇敢地參與到激烈的競爭當中。當我們要指出這些年輕人，在追求著一個錯誤的理想時，一定要做到三思而後行。絕大多數年輕人在進行嘗試之後，都會發現原來城市生活，並不像他們心中想的那麼美好，他們可能會經歷很多挫折，遭遇很多失敗，但正是在這樣的艱難困苦當中，誕生了許多天才式的人物。

按照自然對人類生理結構所設定的標準，出現這樣的情況也是必然的。若是從推動世界進步的觀點去看的話，即便世界失去了許多心智平庸的人，這又有什麼損失呢？眞正重要的是，那些具有憤怒精神的人，勇敢地突破自己人生的局限，勇敢地向那些最優秀的人看齊，這才是最重要的。拿破崙曾經說過一句憤世嫉俗的話：「要是不打破雞蛋的話，又怎麼能有荷包蛋呢？」這句話同樣適合那些在城市裡打拼的年輕人，因爲他們面臨的艱難處境，其實與戰場的士兵是相差無幾的。

儘管如此，我們也必須要承認，正是這些勇敢的人，推動了人類的進步，成爲人類文明的締造者。我們可以說，正是因爲他們對當下的處境感到不滿，讓他們追尋自己過分自信的目標，不顧一切地推動著社會的發展。我們從來不會否定一點，那就是雄心壯志能夠讓人類不斷實現進步，但知足常樂能夠給個人帶來幸福的感覺。至少我們會說，那些睿智的個人，會將自己的一些想法拿來與別人進行對比，雖然這樣的對比可能會讓他們感到一些灰心，但是他們還是能夠證明自己所擁有的能量。即便是雄鷹，要想展翅高飛的話，也必須要首先鍛煉自己的翅膀。

也許，在你開始進行自我認知的時候，這樣一種考驗自身能力的做法，更能夠挖掘你的內在潛能，這也是喧囂的城市生活所帶來的一種激勵，這些都是鄉村生活所無法給予的。當然，這樣的一種鍛煉，能夠讓你成爲一個對世界更加有用的人，增強你的個人幸福感，前提是你要在人生早年，就知道如何對人的本質進行解讀，然後按照這樣的想法，去對自己進行調整，從而最大化地挖掘自身的潛能，這能夠避免你徒勞無功地浪費自己的人生能量，避免最後一事無成的結果。你越早對自己有深刻清醒的認知，你就越能夠感受到這樣一種自我滿足感。

儘管人們都想做到這一點，但是要想瞭解自己的偏好與潛能，你應該知道要做的是經常的自我分析，而不是什麼病態的心理訓練。一些具有強烈虛榮心且自私的人，永遠都在對自己感受到的傷悲誇大其詞，似乎自己正在一個舞臺上，以誇張的手法展現自身的痛楚。你千萬要警惕這樣一種自我主義。你要以結果去評判自身的努力，而不是以個人對這些事情先入為主的看法，作為評判標準。當然，我並不是說，當你在嘗試一件事情遭遇到失敗之後，就要決定永遠都不再去做這件事。你需要不斷地嘗試，但如果你付出了足夠的努力，最後依然得到了失敗的結果，你就可以思考，是否應該對自己的理想進行一番調整了。因為，成為一個優秀的工匠，也要比成為一個糟糕的藝術家更好一些。

我們還需要指出一點，雄心壯志並不是我們獲得某種能力的必然指引。很多人都想要去做他們之前從未做過的一些事情。然而我們可以看到，不少人似乎都在沿著錯誤的方向前進。也許這在很大程度上，是因為遠大的理想能帶來一種具有鄰近性的東西。你會發現，在那些從事寫作的人身邊，十有八九也能夠發現一些人，正在從事著寫作的工作，雖然他們可能天生並不具備寫作的天賦。我們都想要去做我們的一些朋友所做的事情，這是非常自然的。但是其中很多的願望都是具有幻覺性的。你所能做的，就是努力過好自己的生活，而不是按照別人的意願去生活，畢竟你是自己的主人。

最糟糕的情形是，如果你想要去做某件自己並不擅長的事情，你將無法獲得取得成功的兩樣關鍵因素——自信與熱情。當你覺得做一些事情很難，而你的朋友則能夠非常輕鬆地完成的話，你怎麼會對自己的能力產生自信呢？如果你將一件事情做得很糟糕，又怎麼會喜歡這樣的工作呢？但若是我們從另一個方面去思考，如果你從事某件自己擅長的事情，你對成功的衡量標準，就能夠帶給你自信，而自信能夠讓你擁有更強的應用能力，這將會給你帶來更大的成功。與此同時，熱情是取得成功的條件。毋庸置疑，熱情能夠不斷推動著我們去從事某項工作，直到我們圓滿地完成這項工作。可見，熱情是所有具有創造性能力的天才都具有的一種品質。愛默生曾這樣談論自己的人生經驗：「沒有熱情的話，人類根本無法取得任何偉大的成就。」

但這裡還有需要注意的地方。無論做任何事情，都要成爲一名充滿熱情的人。同時你也要記住，讓自己的熱情接受常識的考驗。你要在堅持某項工作之前，確定自己走在正確的道路上。如果你付出的努力能夠接受現實的檢驗，你就可以放心地去做。如果你覺得這樣的努力，無法接受現實的檢驗，也不要懼怕做出改變。我認識的那些最爲成功的商人都會承認一點，他們曾比其他商人犯下更多的錯誤，但是他們能夠從錯誤中總結經驗，及時地回到正軌，從而超過那些缺乏熱情的競爭者。這些商人從來都是樂觀主義者與熱情主義者。

我們同樣需要注意，人的熱情必須要經受住常識的考驗，才能具有可取之處，否則他們就不可能認識到自己身上的錯誤，也無法找到錯誤存在的根源。要是沒有了這樣的可取之處，熱情所指引的自信，就會讓我們走向一種天方夜譚般的結果，而不是更為現實的結果。所以，我們必須要注意那些未知的因素。改革者的使命是高尚的，但你也要確保自己的改革是符合常識的。

梭羅說：「即便我們砍掉一千片邪惡之樹的樹葉，若是不能砍掉邪惡之樹的根部，這也是徒勞無功的。」

你要確保自己不僅能夠觸及問題的根源，而且還要努力消除這些邪惡的根源。記住，一般來說，如果你反對社會的一些約定成俗的事情，你很有可能會處於一種錯誤的位置，因為這些思想都是數百年來積累下來的成果。但是你也有可能是處於正確的一方。但在此之前，你需要認眞研究過去，你必須要瞭解別人在這些相同問題上的思考與想法。

你很有可能會發現，自己所認為的一些革命性思想，其實早已經被古埃及的法老或是古巴比倫的魔術師、或是更近一些的畢達哥拉斯和柏拉圖所討論過了。世界上最古老的書籍，是寫在普里斯莎草紙上的，這些文字可以追溯到西元前三千年。這些文字表達了一位老人，因爲這個世界並不如想像中那麼美好而發出的悲傷話語。這些文字所傳遞出來的悲觀主義，加上各種具有破壞性的批判，就變成了那個時代的產物。因此我們必須要對這些思想，採取一種批判的接受態度。

因此，你要十分確定自己的堅定決心與堅持不懈的努力，能夠幫助你實現自己心中的目標，而不是追隨著一些虛無縹緲的目標。你要確定這代表著你眞正的意願，而不是你心中某種頑固的想法，確保不讓那些先入爲主的成見阻擋你的進步。因爲如果你所設定的目標是虛無縹緲的，堅持下去只能讓你走向徹底的失敗。那樣頑固的堅持，可能會讓你處於一種失去理智的狀態——最後進入精神病院或是監獄——這與我們之前所談到的值得讚揚的目標是完全不同的。因此，我們在這裡需要加上一點，那就是我們的目標必須要接受常識的檢驗。我們有很多方法，可以證明一個目標是可行的還是海市蜃樓。但很多人在處於狂熱狀態時，都不願意接受這樣的檢驗。

我甘願冒著一種看似的漸降法所帶來的不良影響，依然要重複這句話：「勇敢，勇敢，勇敢，但不要太勇敢！」你要深思熟慮去檢驗自己的熱情。你要讓自己的自信情感基於眞實的自我認知。你要擁有堅定的意志，但也要確保這不是你內心的頑固思想。你可以胸懷大志，但絕對不要去追逐虛無縹緲的東西。雖然你的人生旅程，可能無法引領你到達你想要的高度，但你能夠經過許多讓人愉悅的道路，這讓你比那些具有雄心壯志的旅行者，更能體驗到人生眞正的幸福。

第三部分

幸福的問題之社交層面的問題

怎樣對待上司，就要怎樣對待下屬。

——塞內加

第九章　如何工作

事前深思熟慮，行動果敢堅決，優雅大度地屈服，或是無所畏懼地反對。

——克爾頓

眞正的男人，要集中精力，無所畏懼地去做正確的事情。

——愛默生

今天是我們擁有的一切。大家都知道，明天永遠都是不確定的。當下所擁有的時光，就是我們最能把握的。昨日已經逝去，永遠都不可能回來；明天卻又在孕育當中。當下才是我們所能眞切擁有的一切。

每個時代的人，都能夠眞切地意識到這個永恆的事實。使用每一種語言的人，都會發出這樣的感慨，即類似「把握當下」這樣的話語。普天之下，所有人都會認同，最爲重要的就是當下。但是，這樣的自明之理，就像其他非常明顯的眞理一樣，始終都讓我們覺得很難去踐行。那些具有沉思精神的人，始終都會想在今天制訂計畫，然後想著在明天如何執行，但是他們不知道，明日復明日，明日何其多。與此同時，拖延懶惰的習慣，始終都在偷竊著我們的時間。那些空有理想、卻沒有在當下將之付諸實踐的人，卻始終都在原地踏步，忽然一覺睡醒，發現自己原來已經人到中年，接著就變成了一個白髮蒼蒼的老人。但他依然沒有實現自己的理想，甚至根本就沒有邁開自己實現理想的步伐。

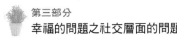

也許，這就是上天跟我們開的一個自相矛盾的玩笑吧，就是那個「明天」始終都不會到來，但是年月卻以迅雷不及掩耳之勢，從我們身邊溜走。任何人都無法拖慢時間的腳步，任何力量都無法重新讓我們回到一個小時前的狀態。任何天才所能夠利用的，也不過是當下的每時每刻。若是我們習慣了拖延，那永遠都將一事無成。

若是我們認眞審視低效的狀態，就會發現拖延症是這一切背後的根源，這樣的習慣，讓我們始終都在爲過去逝去的時光感到後悔。對於那些「爲打破的牛奶瓶哭泣的人」，坐等著未來，其實就是一場徒勞無功的事情。無論你在昨天犯下了怎樣的錯誤，都已經無法挽回。你要在今天記取這樣的教訓，這要比你依然沉浸在昨日的懊悔當中，更加具有價值。你要下定決心，絕對不能犯相同的錯誤。從現在開始，你就要在當下做出判斷，更好地審視自己要走的道路。

我們必須要承認，我們眞正的工作時間，永遠都是在今天，而不是在明天。我們每天爲工作安排了多少的時間呢？我們應該早點工作還是晚點工作，還是只工作幾個小時呢？若是在最後這種情況下，那麼我們是該早點起床工作，還是晚上熬夜加班呢？

我覺得，在面對這個問題的時候，很多人顯然都會安排出一些時間進行工作，從而實現某個目標——這是藝術家、作家、音樂家，或是那些想要在任何行業取得成功的人的任務。當然，一般性的工作與職業，必須要在常規的時間裡完成。假設你擁有許多選擇，你會選擇在什麼時間去工作呢？

也許，這些問題沒有絕對意義上的答案，因爲很多成功人士在這個問題上，都會有許多不同的想法。很多文學創作者在這方面，都會表現出諸多古怪的行爲，將白天當成黑夜，在大多數人都睡覺的時候，他們則進行創作。他們說，只有在半夜安靜的時候，他們才不會被任何嘈雜的聲音所影響。一些作家在創作的時候，對於外界的干擾顯得特別敏感，認爲只要身邊出現了任何一點嘈雜的聲音，他們都將無法集中精神，無法更好地進行創作。年輕時候的普林尼就告訴我們，他喜歡在一個完全黑暗、徹底安靜的房間裡進行創作。黑暗與絕對的安靜，能夠讓他最好地將自己的思想表達出來，能夠讓他創造出最好的作品。

可以肯定的是，普林尼每天很早起來工作，而不是在半夜的時候工作。但是當代很多人都無意模仿他的這一作息規律。每個人都會承認一點，那就是人類的大腦在早上睡醒之後，會處於一種極爲清醒的狀態。因爲工作需要我們具有保持邏輯性的大腦。我認爲，在早上工作，絕對要比在晚上工作更好一些。另外我們也會認同一點，那就是心智在晚上的時候，更容易受到情感的影響，因此這也許是創作小說的一個好時機。但是有些人認爲工作的時間，會對工作的成果產生巨大的影響，針對這一點，我是持懷疑態度的。無論是在什麼時候投入到工作中，只要我們能夠保持著清醒的大腦，就能夠高效地完成工作。

簡而言之，我以爲，適合很多作家的黑暗或是絕對安靜的工作環境，其實並不是絕大多數人所需要的工作環境，因爲這些工作環境，只是單純適合作家個人而已，不能推廣到其他人身上。一個接受過心智訓練的人，應該能夠在任何時候控制住自己的心智情緒，一旦投入到某項工作當中，就會遺忘身邊所發生的事情。據說，賀瑞斯・格里利就是在喧囂的政治集會上寫社論的，如果情況需要的話，就直接坐在百老匯路邊的座椅上，就像他在辦公室裡那樣寫文章。我認爲，若是大多數人都能夠讓自己的心智，沿著正確的方向前進，那是能夠讓自己獨立於環境之外的，不會被外部的環境所打擾。事實上，我認識的一些作家則認爲，在喧囂的城市裡寫作，要比在安靜的農村，更能激發他們的靈感，因爲他們覺得外面的噪音彷彿能夠保護他們，根本不會眞正影響他們的創作過程。

一個顯而易見的道理是，你需要學會自我調整，從而擁有勝任某項任務或工作的能力。你可能掌握了如何在城鎮或鄉村工作的方式，習慣了在白天或晚上工作的方式。但是，你千萬不能讓一些虛無縹緲的藉口阻擋你——因爲這會讓你心智中懶散的一面佔據上風——認爲你只有在一種更加舒適的環境下，才能夠將工作做好。對於達爾文、喬治・伊里亞德、伊莉莎白・巴雷特・白朗寧或是赫伯特・斯賓塞等人，即便是健康狀況不佳，也不能阻擋他們去工作。正如漢密爾頓所說的，只有那些所謂的一知半解的人，才會等待著靈感的到來。眞正意義上優秀的人，是可以在任何時候投入到工作中去的。這些人不會等待所謂的靈感，也不會太在意自己是否處於一種有益的環境當中。在那些拖延之人剛要準備開始某項工作的時候，這些人已經圓滿地完成了工作。

雖然你可以證明，自己在任何環境下都能夠進行工作，但這也不是說你應該完全無視環境所帶來的影響，當然前提是你有多種選擇。若是你想要取得眞正偉大的成就，完全無視自己所處的環境，這也是相當愚蠢的行爲——當然，這裡所說的環境是一個廣義詞。就人類的本能來說，人類本身就是一種群居的、喜歡社交的動物。相對來說，那些喜歡隱居的人，都很難取得任何大的成就。若是我們對那些名人的自傳進行認真的思考，就會發現眞正意義上的天才，都絕對不是與世隔絕的天才。

若是我們認眞審視各個時代那些偉大的藝術、文學或是科學的創造者，就會發現他們都會傾向於形成某個學派，從而將一幫志同道合的人聚集在一起。因此，古希臘的三位著名悲劇作家——埃斯庫羅斯、索福克勒斯以及歐里庇得斯——都是生在同一個時代，並且都居住在雅典。古希臘還有三位偉大的歷史學家，他們分別是希羅多德、修昔底德以及色諾芬。在哲學家方面，柏拉圖是蘇格拉底的門徒，而亞里斯多德則是柏拉圖的門徒。古羅馬的文學發展同樣有這樣的傾向，維吉爾、賀拉斯、奧維德、盧克萊修、西塞羅、凱撒以及李維，都處於同一個時代，而塞內加、普林尼父子、塔西佗等人則處於另一個時代。復興的義大利文學，讓人們知道了但丁、皮特拉克、薄伽丘等人的傑出作品，而藝術方面的復興，則讓我們知道了契馬布埃與喬托等人的藝術作品。在義大利文藝復興的鼎盛時期，我們可以看到來自佛羅倫斯的三位大師：達・文西、米開朗基羅與拉斐爾。

近代歷史也出現了類似的情況，那就是許多天才都會聚集在一起，相互進行比拼與鼓勵，從而推動歷史的發展。我們可以隨意地舉個例子，比方說伊莉莎白一世時代的戲劇作家，那時候就有莎士比亞與詹森；而談到湖畔派的詩人，則包括柯勒律治與華茲華斯，當然還有斯科特、拜倫、莫爾、歌德、席勒等人。在美國，則有愛默生、霍桑與梭羅等人。

即便是對那些最具天才的人來說，與志同道合之人的相互接觸所帶來的影響，也是非常明顯的。可以想像，這些天才所撞擊出來的火花，會給一般人帶來怎樣的心靈震撼。在需要耐心研究而不是天才洞見的領域裡，這種情況則特別明顯。吉本所創作的《羅馬帝國衰亡史》，也許是人類歷史上最偉大的一本歷史著作，要是沒有了他早年在英格蘭受到的休謨與羅伯遜的影響，可能他永遠都寫不出這部作品。喬治．格洛特所創作的《希臘史》，是一本地位僅次於吉本的《羅馬帝國衰亡史》的作品，同樣是受到了米特福德個人經歷的直接影響。而在自然科學研究領域裡，這種相互交流所帶來的影響，更是讓人無比震驚的。高爾頓就曾將這樣的交流，視為誕生科學天才的一個最重要前提。

不管怎麼說，你都要盡可能與志同道合的人進行交流。你可以從他們身上，得到你想要找尋的靈感，這是你很難從自己身上得到的。同時，你也無法以其他的方式，對自己進行衡量。

與那些具有天才的人進行這樣的交流所具有的價值，是我們在隱居生活中無法得到的。當我們與具有成就的人進行交流時，就能夠知道，即便是最具天才的人，也不能免於辛勤的勞動。人類的歷史已經清晰地表明這一點，事實就是如此。

比方說，莫泊桑就對我們談論過他的信念，他認爲只有付出不懈的努力，才是在某一領域取得成就的唯一出路。每個人都知道他曾在老師福樓拜那裡當過學徒，然後才出版自己的著作。史蒂文生最後出版的作品，也是經歷了無數的困難才完成的。

這些例子都能夠說明一點，那就是成功本身並不能單靠自身某些優異的天賦，更需要憑藉我們無比堅定的意志。但是我們還是可以聽到不少具有極好天賦的人，取得成功的故事。據說，麥考利在八歲那年，就能夠寫出一篇有關人類歷史的文章，在他壯年的時候，曾經連續幾個星期，專注於一篇文章的創作。羅恩·漢密爾頓爵士在小時候也曾被稱爲神童，但他同樣憑藉著自己多年的努力，才爲自己積累了名聲。達爾文耗費了二十年時間，用於研究關於生物進化的理論，最後才向世界公佈了這一理論。

在過去的時代，幾乎所有眞正的大師，都是勤奮的代名詞。米開朗基羅完全靠自己的雙手，在西斯廷大教堂的天花板上進行繪畫，他曾發明了一個獨特的腳手架，從而更好地進行工作。達·文西也是一個對工作無比癡迷的人，他在多個領域取得的多方面成就，就是最好的證明。伊拉斯謨在人生早年就明白了必須要勤奮的道理，所以他絕對不允許自己浪費半點光陰。他在從義大利前往英格蘭的旅途中，創作出了著名的《愚人頌》，這就是他白天騎在馬背上思考、晚上進行創作的結果。

艾德里安・特內布斯——一位著名的法國評論家——也是一位非常勤奮之人。據說他在自己結婚的那一天，還要抽出一定的時間進行閱讀。格勞修斯被關入監獄裡後，他加倍努力，繼續追求自己的夢想。為了消磨時間，他翻譯了歐里庇得斯的作品，將自己著名的作品《荷蘭憲法制度》翻譯成荷蘭語，並且為自己的女兒，創作了一本教義答問書。

馬其頓的菲力浦，曾揶揄敘拉古的暴君狄俄尼索斯，當後者詢問他的父親，是如何有時間去創作頌歌以及悲劇的時候，他回答說：「他在你與我都在喝酒作樂的時候進行創作。」另一位西西里島人狄奧多魯斯則耗費了三十年時間，在羅馬收集他想要的歷史文物，同時還在當時人類已知的區域進行探險。按照現在的觀點，當時的世界依然處於一種「年幼」的狀態，當然那時候保存下來的歷史遺跡，肯定無法與現在相比。

歷史編纂者吉伯特・博內特，這位《他所在時代的歷史》一書的作者，就從小被他的父親要求在早上四點鐘起床，然後開始學習，直到他的年輕時代。因此，這樣的習慣成為他的第二天性，這幫助他最大限度地好好利用人生的時光。本生也有這樣早起的習慣，他在擔任英國宮廷大使的時候，依然能夠擠出時間，去創作《古埃及歷史的意義以及影響》一書。

狄俄尼索斯・拉爾修就曾說過關於亞里斯多德的故事。他說亞里斯多德在看書時，總是懷抱著一個黃銅球，如果他在看書的時候不小心睡著了，那麼黃銅球就會掉入水盤，濺起來的水花就會讓他甦醒過來，重新開始學習。也許這個故事是後人虛構的，但這的確能夠說明古時候的亞里斯多德，是一位多麼勤奮的人。至少這樣一個事實能夠說明一點，亞里斯多德的名聲，絕不是單純憑藉其自身的天才所得來的，更多的是憑藉他超乎常人的勤奮換來的。斯塔基萊特保留到今天的作品，要超過古希臘其他作家，這也充分說明了他在當時是一個多麼勤奮與努力的人，否則很難創作出如此多的作品。

被稱爲羅馬帝國的「亞里斯多德」、且能夠在自然史方面，挑戰這位古希臘偉人權威的人是老普林尼。這位傑出的人物，養成了極爲嚴苛的習慣，就是每天都要完成一定的任務量，這樣的習慣，也遺傳到了他的養子小普林尼身上。這樣的例子，充分說明了應用知識所具有的巨大能量的價值。許許多多的例子都能夠證明這樣的觀點。

在夏天的時候，老普林尼始終都要在天尚未完全亮的時候就開始學習，在冬天的時候，他則是一大早就起來學習了，幾乎都是直到半夜時分才睡覺。幾乎沒有人像他這樣睡那麼短的時間，還能刻苦學習。在天亮之前，他通常就已經在等待著韋帕薌了，對方也選擇在這個時候去進行交易。當他完成了皇帝交給他的任務之後，就會回到家繼續自己的學習。在夏天的時候，他吃過短暫的午餐之後，就會在陽光下靜靜地思考，在這段時間裡，其他的作家可能會給他讀一些作品的節選與觀察的內容。無論他閱讀什麼書籍，他都喜歡這樣的方式。

他始終堅持一個觀點，即沒有什麼書是完全一無是處的，一本書肯定能有讓你得到收穫的地方。

在完成了這一切之後，他通常會進行冷水洗浴，然後吃點食物，稍微休息一下。當他醒來之後，彷彿覺得這是全新的一天，繼續學習，直到晚餐的時候。當別人給他閱讀一些書籍的時候，他也會在這個過程中，發表自己的一些想法。他的養子小普林尼就曾講過一個例子，說明他是多麼珍惜每時每刻，對知識是多麼如饑似渴。有一次幫他朗讀的人讀錯了一個字，坐在桌旁的他的一個朋友，就讓對方重複這段話，然後老普林尼詢問這位朋友，是否明白那個字的意思。朋友說自己明白這個字的意思。於是他說：「既然這樣，爲什麼你要讓那人重新讀一遍呢？我們被打斷而少聽了十句話。」在夏天的時候，他總是在天亮之前起床，在冬天的時候，他總是工作到夜深爲止。

雖然是在喧囂的城市裡生活，但他始終保持這樣的生活方式。若是他在鄉村裡生活的話，他就可以不受中斷地工作，除了他去洗浴的時間。即便他在洗浴中擦拭身體的時候，他都要讓人念書給他聽，或是自己默念一些書籍的段落。在他的整個人生裡，他從沒有浪費過任何讀書的時間。當他在讀書的時候，心智完全專注於這樣的一種思想當中，所以他能夠專注地運用這樣的思想。一位隨從在冬天的時候駕馬車來接他，只見他戴著厚厚的手套，但依然沒有因為寒冷而浪費學習的機會。

當然，我們很難證實這些事情的真假，但是，這些人對知識的渴望以及對運用知識的追求，的確能夠幫助他們克服任何的障礙。誠然，老普林尼從來不認為自己的前進道路上，存在著任何障礙，因為他從來都不將這些視為障礙。他始終發揮著自身的天賦，做著自己喜歡做的事情。但在某些例子裡，我們可以看到一些完全不具有某種自然天賦的人，依然能夠憑藉自身的努力，去實現他們之前根本不敢想像的目標。

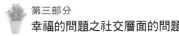

德摩斯梯尼就是這方面最為典型的例子，他的例子可能很多人都非常熟悉了。我們可以確定的一點是，他是古代歷史上最偉大的一位演說家。可他一開始卻只有「低沉的聲音，短促的氣息以及非常粗魯的舉止」。但是，他憑藉著堅定的意志與無所畏懼的決心，最終克服了這些障礙。他攀登到陡峭的懸崖邊，藉著風聲，提高自己的聲音。他會在練習演說的時候，將鵝卵石含在嘴巴裡，從而改變自己發音不準確的毛病。他會站在鏡子前，努力改正自己一些笨拙尷尬的舉止。

他從一些最傑出的演說家那裡，學習了一些優雅的舉止以及正確的發音方式。他始終專注於提升自己的演說能力，他甚至生活在一個洞穴裡，將自己的頭髮剪掉，從而逼迫自己在頭髮長出來之前，都不能離開這個洞穴。他經常站在海邊進行練習，咆哮的海浪彷彿成為了他的最佳聽眾，這為他克服怯場的心理，提供了最佳的訓練方式。他克服了重重的困難，最終成就了自己。他的傳記作家曾這樣寫道：「這個世界上沒有天生的演說家，只有經過不斷訓練與努力之後成功的演說家。當我們擁有了這樣的毅力之後，就能夠在任何行業裡取得成功。」

闡明這個道理的另一個例子，莫過於艾德蒙．斯通的人生了。這位著名數學家的人生，就是對這個道理的最佳詮釋。他是土生土長的蘇格蘭人，他的父親是安吉爾公爵的園丁。他當時所接受的教育，只不過是這位公爵的一個僕人所教的閱讀。「那時，我第一次知道了人是可以學習的。」斯通說，「當時公爵的宮殿離我家並不遠，一天我看到一位建築師手裡拿著尺子與指南針，在進行著計算。我詢問這些東西有什麼用處，建築師告訴我，這個世界上有一門名叫算術的科學。於是，我就買了一本關於算術的書籍，認眞地學習起來。之後，有人告訴我，這個世界上還有一門名叫幾何的科學，於是，我就買了關於幾何方面的書籍，認眞地學習起來。在學習的過程中，我發現，關於這兩門科學的最頂尖的知識，都是用拉丁文寫成的，於是我就買了一本字典，認眞學習起了拉丁語。我知道還有許多類似的書籍都是用法文寫成的，於是我又買了一本字典，認眞學習起了法語。我的主人，我就是這樣去進行學習的。」下面這段他說出的簡單話語，能夠概括這一切，「在我看來，當我們瞭解了二十六個字母之後，幾乎能夠掌握任何方面的知識。」

這些關於學習與運用知識的例子還有很多，但我們根本沒有必要繼續羅列。從某種程度來說，歷史上那些偉大人物，幾乎都有著相同的人生故事。人們對那些取得成功的人，可能有著不同的看法，但是我們可以肯定的是，並不是每個成功的人，都是具有獨特天賦的人。像李奧納多・達・文西、米開朗基羅等人，擁有著常人難以企及的天賦，只要他們稍微在某方面付出一些努力，就能夠遠遠超越其他人——雖然這樣的微小付出，可能讓他們無法取得那麼輝煌的成就，但足以傲視群雄了。我不敢確定亞里斯多德與老普林尼，是否屬於這一類的天才人物。他們都屬於那些博學且有才的人物，當然他們也是經過了不懈的努力之後，才取得了最後的成功。他們並不是完全憑藉靈感的幫助一飛沖天的。這種努力學習與運用知識的習慣，能夠將他們內在的潛能激發出來，從而取得多方面的成就。這些例子能夠讓我們明白一個熟悉的道理——即便這個道理本身不是很能讓人信服——那就是對天才的定義應該是：「有能力做好工作，同時有能力去承受痛苦。」

列舉這些偉大人物的例子，是爲了說明一個道理：一定要努力讓自己成爲某個方面的大師，要專注於一方面的知識，同時對其他方面的知識有所涉獵。那些偉大人物正是這樣做的。這也是我們學習與運用知識的目標。

但是，每個人都能夠培養這種學習與運用知識的習慣嗎？也許不是每個人都能夠做到的。雖然我們都會驚訝地發現，培養起來的一個習慣，能夠給我們帶來多大的改變，而一旦我們堅持了某個習慣，這樣的習慣所帶來的改變，更會讓我們瞠目結舌。事實上，良好的人生習慣，最終不僅能夠提升我們的意志能量，讓我們勇敢地追求之前的夢想，而且還能夠牢牢控制我們的意志，讓我們始終忠於自己的目標。關於這些方面的現實例子，是很多人都非常熟悉的，那就是一些人在人生早年，就透過自身努力獲得了一筆財富，然後他認爲自己應該遠離工作，好好地過上節約的生活。雖然這種習慣在一開始養成的時候，也會讓人感到痛苦，然而，一旦養成之後，就會變成了我們的第二天性。最後，當我們實現了自己原先設定的目標之後，我們的判斷力就會告訴我們：「現在是時候放下這一切，享受勞動的成果了。」但是，我們的習慣卻會說：「我們還要像一開始那樣節約地生活。」我們就會像發了瘋那樣，繼續追求更多的金錢，此時的我們再也沒有了任何目標，一心只是想著賺更多錢，根本不會在意個人是否得到了成長。

與此類似，在其他不同的領域，相同的事情依然在不時出現。達爾文本人就曾承認，常年專注於科學思想，讓他對任何其他學科都提不起興趣。他再也無法享受藝術或是音樂所帶來的美感了。他的心智彷彿變成了一個機械，只是能夠進行科學方面的思考。

我們沒有能力擺脫的這些習慣，它們一開始都是我們耗費了不少努力才養成的。當我們希望那些好習慣能夠持續下去時，它們就有可能會在我們專注於實現某些目標的時候，帶來許多好處。那些在人生早年就找準了自己人生目標的年輕人是非常幸運的，他們可以說：「這就是我想要去從事的事業。」然後就始終堅持著這樣的目標。良好的工作習慣能夠給我們帶來極大的幫助，持續地爲我們的意志提供能量。隨著我們的人生視野不斷得到拓展，我們的興趣就會隨之提升，就會感受到更加美好的東西。這反過來能夠保證我們擁有著鮮活的記憶，讓我們的許多思想能夠傳播出去。到那個時候，我們身體的每一個功能，都能夠相互幫助，刺激著其他功能處於最佳的狀態。當我們處於一種和諧的身心狀態時，就會發現個人的能量得到了增強。這些幸運之人在一開始挖掘這些能力的時候，根本不可能會想到最後的結果，竟然是如此之美好。當有些人說他們這一生可能會在平庸中度過的時候，他們最後卻經常成爲了世人口中的天才。

要是我們對挖掘意志能量這方面，進行認眞的思考，審視一下意志的穩定性，所能給我們帶來的好處，我們幾乎可以肯定一點，那就是每一個心智正常的人，都擁有著成爲天才的潛質。當然，如果你缺乏某一方面的強大感受能力，也不需要爲此感到絕望。你只需要讓自己的目光，死死地盯著遠方的目標，下定決心，即便自然從一開始就讓你成爲了一隻「烏龜」，你也需要憑藉自己的努力，做到最好，爲贏得最終的勝利做好準備。

可以肯定的是，沒有比克服重重困難帶來的那種愉悅情感，更讓人感到自豪的了。在你高效地完成了一天的工作之後，你必然能夠感受到內心的滿足。要是你能夠長年累月地，以這樣的狀態完成工作，這就能夠給你帶來難以估量的滿足感。可以說，過去的工作能夠給你帶來美好的回憶。

不要爲了賣弄去做事，而要爲了自己的良心。要找尋美德本身帶來的獎賞，而不要希求別人的誇讚。

——小普林尼

第十章　年輕與年老的對比

那些善用時間的人是幸福的，不管他們善用了多少時間。

——塞內加

假如不曾虛度年華的話，年輕人也可能老成持重——但這樣的情況非常少見。

——法蘭西斯・培根

假設一個人非常努力地奮鬥，最大限度地抓住了機會，並釋放了自身的能力，但他在多年的努力之後，依然得到了失敗的結果。當他進入中年的時候，才終於意識到自己在人生努力的方向上犯下了錯誤。難道他就應該爲自己人生中的每個階段，都寫下「失敗」的字眼嗎？難道他已經沒有時間再去彌補自己的錯誤、沒有從頭再來的可能性了嗎？

這個問題讓我們可以直面歷史上由來已久的問題——年輕人與老年人對比的問題。無論在任何時候、任何地方，這個問題都是我們需要努力解決的，這個問題現在也已經進入到我們當下的話題當中。我們始終都被灌輸這樣的觀點，即一個人太年輕的話，就可能無法勝任某項工作，若是一個人太老的話，他也將無法勝任某項工作。除此之外，人們甚至會宣稱只有過了二十一歲，一個人才能夠正式履行一些職責或是擁有一些權利。他們特別指出，任何人都不可以在三十五歲之前成爲這個國家的總統，他們甚至將陸軍與海軍軍官的退役年齡，規定在六十五歲左右。

乍看起來，年輕與年老之間的對比，似乎總是在給我們製造各種障礙，讓我們很難分清楚其中的界限。正如我們對男性與女性的心智進行對比時，也能夠發現這其實會讓我們失去長久以來保持的內心的和諧。但是，生物學家向我們證明了一點，那就是這樣的對比並不是完全絕對的，因爲每個具體的例子都是不大一樣的。若是從生物學的觀點去審視的話，每個個體都是隔代遺傳法則的產物，這種法則就決定了每個人都可能在他的一生中，重現他祖上的特徵。因此，孩子往往表現出我們早期祖先身上的許多野蠻特徵。年輕人擁有著充滿熱情的理想，希望能夠建立一個富足的新生國家。中年人則會對一個處於巔峰階段的國家，有著清醒且成熟的認知。而老年人可能會展現出一種衰敗的跡象，就像一個國家正在慢慢地，從強盛衰落到毀滅的深淵。

所以，人到中年之後，就會變得更加世俗起來，這並不是說他們開始厭惡想像了，而是他們認爲年輕時候的夢想，是屬於少年時期的一番幻想罷了，是他們自身虛榮心與愚蠢的一種表現而已。對於老年人而言，他們則沉浸在對過去的回憶當中，加上身體逐漸羸弱，所以這個世界似乎沒有之前那麼友好與讓人愉悅了。每一個全新時代的人所展現出來的熱情，都會讓老年人覺得，這是一種愚蠢的幻想而已，讓老年人覺得這是無比荒謬的行爲。

誠然，我們可以在任何一個時代都發現一點，那就是年輕人對於年華的流逝，都持一種鄙視的態度，認爲年老與年輕人是毫不相關的。這的確與我們之前提到的隔代遺傳的解釋是相反的——正如野蠻人與文明人之間的區別，這會讓我們無法對彼此產生互信，導致我們以傲慢的態度去對待彼此，缺乏對彼此的尊重。

每個人都是個人時代的產物，這個世界永遠都不會處於一種時間停頓的狀態。因此，這會讓每個時代的人，都能夠與之前各個時代的人，展現出不大一樣的特質。一個時代的人所持的態度，多少都會與我們的國家對其他國家的態度有所聯繫，這樣的態度可以用「疏遠」這個詞去形容。正如那句話所說的，任何一個身在異鄉的人，都很難有回到家的感覺，與此類似，任何一個人在與其他世代的人在一起的時候，都不可能感覺特別自然。

對這一重要論述的一個熟悉的例子就是，我們可以對許多人或是團體進行認眞的審視，這些人可以是你所在社區附近的人。這樣的原則是可以通用的，需要我們不斷對此進行解析。因此，我們很有必要去瞭解這樣一件時常被世人所忽視的事情，單純用年齡的界限去區分某一個時代是不大合理的。諸如「年輕人成熟老成」這樣的話，就代表著其中的內涵。事實上，很多人在他們七十歲乃至八十歲的時候，依然保持著年輕的內心。

一般來說，雖然不是絕對的，但我們的記憶會隨著飛逝的時光而變得模糊起來，讓我們忘記了早年所持的理想與思想。一般來說，情況並不總是如此。因爲我們早年許多對未來的熱情或是不成熟的判斷，現在都已經消失了。亞歷山大大帝在他二十歲的時候，就成爲了統治希臘的獨裁者，在他三十歲之前，就成爲了西方世界的統治者。凱撒在二十二歲的時候，就統治了當時已知世界的一半版圖，而在十年之後，幾乎統治了全部的已知世界。拿破崙在三十歲的時候，就已經取得了一連串後人難以逾越的軍事勝利，成爲了決定法蘭西命運的最高主宰者，同時幾乎成爲了整個歐洲大陸的統治者。

顯然，這樣的人是絕對不能單純以年齡進行衡量的。正如上面所提到的，年齡本身並不是衡量一個人取得人生成就的標準，即便是對能力一般的人來說，也是如此。培根說：「年輕人也可能老成持重。」因此，我們需要對此進行更加理智的分析與探討。遺憾的是，很多人都不能將這樣的道理，運用到實踐中去。我們無法判斷當代的哪些年輕人是否老成，從而決定他們在什麼年齡的時候，才是最適合取得成就的。即便出於一個現實的目標，單純按照年齡本身去進行區分，這本身也是錯誤的。也許，這樣的論述就足夠我們去認眞反思了。

關於老年的標準到底是什麼歲數，這對每個人來說都是不大一樣的，因此我們很難去對此，進行一個非常準確的衡量，這在很多時候都取決於遺傳或是環境方面的因素。比方說，一些人在四十歲的時候，才開始突然驚恐地意識到，自己原來已經不再年輕了。當然，那時候的他其實不老。他可能正處在中年階段，但他的確不再年輕了。他的頭髮顏色開始發生改變了，他的腰圍可能漸漸變寬了——而不是身體變得更加強壯了。他會覺得自己再也不像年輕時那麼充滿能量，也不像年輕時那麼耐力十足了。

對他來說，年輕時候的夢想可能早已經遠去了。如果他能夠在記憶裡回想起二十歲時腦海裡的思想，他可能會覺得自己似乎整個人都完全改變了。儘管如此，如果他能夠始終堅持自己的興趣、追隨自己的夢想，那麼他還是要比很多人幸運許多。至少他在這方面上沒有顯示出衰老的跡象，因爲他的品格在那個時候已經完全成熟了。

一般來說，一個人到了四十歲的時候，肯定是要比二十歲的時候更加謹愼一些的。我覺得，四十歲的人可能在一般情況下，都失去了再去學習的動力了，但我可以肯定一點，那就是他們從未失去學習的能力。他們可能再也不願意勤奮地學習某一門知識了，不願意進入一個全新的行業裡。如果他們能夠擁有財富或是取得成功的話，這些財富與成功的基礎，也已經非常牢固了。很多人都會說，按照一般的經驗，如果一個人在四十歲的時候依然不能富有，那麼他這一輩子都不可能富有了。毫無疑問，對於普通人來說，這種說法很有道理；一般來說，對於金錢積累的評說，同樣適合於對成功的評判，因爲實際上對於普通人來說，金錢是成功與否的有形證明。

不過，我們也必須要知道，這並不是說人進入了中年之後，就再也不能去做任何有用的工作了——雖然不少的評論家對此會有不同的看法。但是，只要我們翻看人類歷史上那些偉大人物的傳記，就能夠非常清楚這點。當然，我們說一個人到了中年之後，依然沒有展現出任何取得成功的可能性，那麼他可能永遠都無法取得成功，這是事情的一個方面。但是，我們說這些人在過了中年之後，取得了人生最輝煌的成就，這又是事情的另一個方面。爲了證明後面的這種觀點，我們只需要翻看一下我們最熟悉的歷史就可以了。如果絕大多數傑出人物，都是在他們四十歲之前，就建立了他們的人生基礎，那麼幾乎沒有幾個人，能夠最終完成人生的上層建築。

但如果我們從初始的角度去看，就會發現這其中存在著許多的例外。因爲我們的許多經驗，都是根據對普通人的觀察得來的，因此這必然會與眞正的規律存在衝突。要是一個人去編撰那些成功人士的傳記，就會發現這些成功人士，都是在中年之後取得人生成就的，他們會發現自己面對著許多可怕的對手，因爲很多人都是在過了中年之後，才眞正獲得名聲與財富的，只有極少數人在步入中年之前取得了成功，成爲了人們眼中的人生贏家。

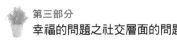

比方說，凱撒，這位舉世無雙的統治者，就是在他年過四十的時候，才擁有享譽世界的軍事才華的。奧利弗·克倫威爾在他四十三歲投入反對國王的戰爭時，還是一個新手。布萊克，這位被世人認爲是最偉大的海軍上將之一的人物，是在五十歲之後才第一次踏上海軍戰艦的。格蘭特將軍，這位被毛姆森稱爲「人類歷史上最偉大的衝突解決者，以及成就最輝煌的將軍」的人，在三十五歲的時候依然還是一名製革工人，雖然他早年也曾接受過軍事教育。毛奇，這位德國近代歷史上最爲傑出的規劃者與設計師，要是他在七十歲前去逝的話，世人將永遠不會知道他的名字。他第一次獲得自己人生機會的時候，幾乎是在他七十歲之後那一段「讓世人倍感懷疑」的時光。

我們可以看到，在這些例子裡，因爲所處的外部條件不大一樣，很多人都能夠在中年之後，在全新的人生領域裡取得輝煌的成功。從某種程度來說，對於哥倫布來說也是如此。他在五十六歲的時候，才開始人生第一次值得回憶的出航，而麥哲倫在越過以他的名字命名的海峽，完成環遊世界的夢想時，已經五十歲了。哥倫布要是能夠得到足夠的經費支援，就能提前十多年開始這樣的航行。麥哲倫要是沒有哥倫布發現新大陸所帶來的探索動機，估計也不會出發環遊世界。但是，這些例子都充分說明了，人過中年之後，是否能夠取得成就，在很大程度上依然取決於我們個人的意願。

約翰·彌爾頓曾擔任奧利弗·克倫威爾的私人秘書與政治參謀，在他四十七歲的時候，決定創作一部史詩作品。十年之後，他創作出了《失樂園》。理查森，這位被稱為英語小說之父的人物，也是在他五十歲的時候，才將目光轉移到小說創作上來的。司考特在晚年，才將精力從詩歌轉移到散文創作上來，結果立即成為這個全新領域的大師。亞當·斯密，這位道德哲學的教授，辭掉了教職，將精力專注於研究經濟問題。在經過十年的研究後，在五十三歲那年，他出版了《國富論》一書，該書的理論成為了現代政治經濟的基礎。斯密在書中談到的經濟制度，進一步完善了弗朗斯瓦·魁奈《經濟表》裡面的內容。魁奈是一位法國的醫學教授，也是國王路易十五的私人醫生，他在六十二歲的時候出版了這本書，這已經是他辭掉醫學教授一職九年後的事情了。與此類似的，盧梭的作品《社會契約論》，被譽為「現代民主的聖經」，同樣也是他在心智完全成熟之後的作品，出版這本書的時候，他也已經五十歲了。

法拉第在人過中年之後，才將精力專注於電力學方面的研究，但他在這個領域所做的實驗，卻為電力學打下了牢固的基礎。藝術家莫爾斯是在他三十六歲那年，才對電力學感興趣的。當他發現電報的可行性、並且加以證明的時候，已經五十歲了。詹姆斯·瓦特也是在五十歲的時候才改良了蒸汽機，提高了火車的商業運輸價值。富爾頓在四十歲之後，才讓人類第一艘蒸汽船在哈德遜河面上航行。史蒂芬森在五十歲的時候，才讓「火箭號」引擎給自己帶來名聲。但是，所有這些發明家都在他們之前的人生歲月裡，不斷提升了自己的技能。要是他們沒有堅忍不拔的精神以及持久的熱情，他們將無法取得最後的成功。正是這樣的一種堅忍不拔的精神，讓哈威在五十歲的時候，發現了血液的循環系統，讓詹納在四十七歲的時候，發現了接種疫苗能有效地預防天花。

這些實踐領域的例子，可能與理論領域的例子，處於一種平行狀態。因此，亞里斯多德的很多流傳至今的理論作品，都是他在五十歲之後創作的。哥白尼在他五十七歲那年，才完成了關於太陽系的革命性理論。培根在五十九歲的時候，發表了《新工具》一書，從而為他贏得「歸納法哲學之父」的頭銜。牛頓在他四十七歲的時候，完成了《自然哲學的數學原理》一書，證明他依然具有旺盛的人生精力。康德在他五十六歲的時候，出版了第一版的《純粹理性批判》，在他六十二歲的時候，出版了該書的修訂版本，讓他的很多門徒與評論

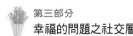

家感到無比吃驚。拉瓦錫在他四十六歲的時候，徹底地改變了化學的研究方法，從而爲現代化學奠定了基礎。道爾頓在他四十一歲的時候，提出了原子理論。達爾文在他五十歲的時候，才出版了《物種起源》，徹底改變了十九世紀的思想浪潮。

上面這些例子似乎能夠充分證明，很多人在他們五十歲乃至六十歲的時候，依然具有旺盛的創造力。但我們不能單純停留在這點上。很多人的一生似乎都無暇考慮時間的流逝，始終能夠以高效的狀態進行工作。古希臘的三位偉大的悲劇作家，埃斯庫羅斯、索福克勒斯、歐里庇得斯，都是在他們年過七十歲之後，依然保持著極爲旺盛的精力。索福克勒斯在他將近八十歲的時候，創作出了《伊底帕斯在柯洛諾斯》——他人生中最偉大的作品。蘇格拉底在他七十歲的時候，似乎才剛好處在他人生最巔峰的時期。柏拉圖直到他八十歲去逝之前，依然在他著名的學院裡進行講解，並且創作出了《共和國》與《蒂邁歐篇》，還有尚未完成的《克里迪亞斯》，據說，這本書是他在人生的最後時光裡創作的。希羅多德在他六十歲的時候才完成了歷史著作。修昔底德在他七十五歲去逝的時候，留下了尚未完稿的《伯羅奔尼撒斯戰爭》一書。塔西佗，這位羅馬帝國時代最偉大的歷史學家，在七十歲的時候依然創作出了許多經典作品。

在我們這個世界上，有不少人在年過七十歲之後，依然保持著旺盛的精力。若是我們翻開歷史，就能夠看到歷史上很多傑出人物，在他們年過七十歲之後，依然能創作出偉大的作品。歌德，這位德國文學史上佔據重要地位的人物，就是在他八十一歲生日那天，完成了他的巨著《浮士德》。亞歷山大・馮・洪堡在他人生最後十七年裡，完成了《宇宙學》一書，完成時他已經將近九十三歲了。這本書凝聚了他一生的研究與知識，因爲涉及的範圍非常廣泛，所以他在年近八十歲的時候才開始動筆，直到自己人生的最後時刻。這些例子都充分說明了，很多傑出人物都是在他們晚年的時候，才完成人生最偉大的作品的。

還有其他一些始終保持充沛精力的人，他們在人生晚年的時候，依然實現了偉大的成就，可能不少讀者朋友會忘記了他們的名字。這些人有格拉斯通、俾斯麥、毛奇、丁尼生、赫伯特・斯賓塞以及希歐多爾・毛姆森。

我們還可以列舉很多這樣的例子。但我們需要清楚一點，那就是一個人在他晚年的時候，不一定會出現思想僵化的情況，反而他們可能更接地氣，依然能夠追隨著最新的思想。蒼白的頭髮並不一定就代表著，我們的心智慧力出現了嚴重的衰退。

上面的這些例子，幾乎能夠回答我們一開始提出的問題。這些例子似乎已經足以表明，人類身體機能的本質，並不會阻止我們去做想要去做的事情，也並不會因爲年老而損害我們去做這些事情的能力，因爲每一個人所具有的潛能，都超乎自己的想像。可以肯定的是，你的人生並不一定因爲你沒有在四十歲的時候取得大的成功而顯得黯淡無光，只要你具有堅忍不拔的精神以及無所畏懼的勇氣，你始終能夠透過自身的行動，向世人證明自己的能力與才華。

只有當你追隨著錯誤的理想，沿著錯誤的人生方向前進時，你可能才無法釋放出自己的人生才華。如果你有機會重新開始，你就能從過往的錯誤中得到教訓，更好地前進。過往的經驗能夠給你帶來許多幫助與教訓，讓你避免犯相同的錯誤，避免去做過去做過的一些錯誤事情。當你擁有了成熟的心靈判斷能力時，你就能更好地與年輕人進行競爭。你所付出的努力，會讓你更加接近自己的目標。你可能在四五十歲的時候，要比二十歲的時候更能夠接近自己的夢想，更接近實現自己的人生願望。

但是，你面臨的最大的人生危險，就是你允許自己的思想變得僵硬古板起來，失去了往日的熱情。在這種情況下，你必然會發現自己處於一種劣勢的狀態，你肯定會覺得再也無法與年輕人去進行激烈的競爭了。要是你失去了哲學家所稱的「魔石」——興趣，就會發現自己陷入一個越來越狹隘的圈子，無法學習任何新穎的知識，忘記了該如何前進，忘記了自己一開始的夢想。若你擺脫了這樣的思想困境，就能夠迅速地超越其他人，在人生這場漫長的賽跑中先拔頭籌。假如你擁有了某些方面的自然天賦，取得了一些進步，這可能還是與你的想像力、接受能力以及充滿活力的能量相關的——換言之，這能保證你對人生有一種全新的思考，並擁有開放的心智。

要想保持這種全新的思考方式，一個最好的方法，就是透過自我教育去實現。那些最終取得了良好結果的人，都在某種程度上解決了他們之前碰到的許多問題，再也不去追尋什麼人生的萬能藥。他們內心燃燒著永恆的火焰，這是龐塞·德萊昂在漫長的人生旅途中都無法找到的。無論你是在家中還是其他地方，你都能找到這種持久的——即便不是永恆的——青春源泉。

但是，話又說回來，這種類似於「煉金術」的奇蹟是怎麼產生的呢？事實上，這必然需要你付出英雄般的努力。你必須要持續不斷地堅守自己的心智堡壘，讓你的身體遠離各種有害的感官刺激，不要讓你的身體堆積脂肪，不要讓各種藥物，傷害了你身體原本強大的免疫系統，不要讓各種過猶不及的行爲，傷害你的身體機能。你要持續不斷地積極鍛煉身體，讓自己的身體，始終處於一種自由與活躍的狀態，而不是放任自己處於一種懶散的惰性之中。你必須要時常挑戰自己的心智，敢於從事新鮮的事物，每天、每週或是每年都要接受全新的思想與事物。這樣的心靈習慣，能夠幫助你建立起全新的行爲習慣，讓你能夠更好地適應全新的環境。

塞內加曾按照畢達哥拉斯提出的方法，在一天行將結束的時候，審視一下自己這一天的所作所為，從而獲得全新的智慧，為更好地迎接明天做好準備。與此類似，為了實現你的目標，你同樣需要每天用睿智的方式，去挑戰自己的心智，在晚上的時候，反思自己這一天的行為，思考哪些思想是你在早上所沒有想到的。你可以拓展這樣的過程，在每一周行將結束的時候，進行這樣的自我總結，讓自己的思想能夠感知全新的事實，更好地提升自己的人生。在新年、你的生日、結婚紀念日等重要的日子裡，你也需要對過去發生的事情進行一番總結，不要單純沉湎於過去的事情，才能夠更好地面對未來。

在每次總結之後，你沒有必要擔心自己，依然需要牢牢抓住一些適用的道理，但如果你發現自己沒有得到發展，就需要去找尋全新的挑戰，因為這個世界並不會因為你的停滯，而處於一種停滯狀態。

在這個持久的自我更新過程中，你的心智可以透過專注於某些具體的任務，幫助你做出全新的努力。比方說，你可以時不時去學習一門全新的語言，瞭解這些語言所具有的各種全新的語法形態，熟悉一些你之前感到陌生的單詞。朱塞佩・梅佐凡蒂，這位梵蒂岡波羅格那大學的著名圖書管理員，據說在他三十六歲的時候，就已經掌握了十八門語言，在他去逝的時候，已經掌握了五十八門語言。他能夠流暢地閱讀並且書寫這些語言。他活到了七十三歲，幾乎是在他人生最後的四十年裡，每年掌握了一門外語。

我並不是說，那些具有一般語言天賦的人，能夠複製像他這樣的紀錄。要想實現這樣的壯舉，大腦的能力以及雙耳的聽力，都是需要天賦的，就像其他純粹的天才一樣，他們幾乎都不會以勝過老師作爲目標。即便如此，朱塞佩的例子還是鼓舞人心的。如果朱塞佩能夠在人到中年的時候掌握四十門外語，那麼你至少能夠掌握五至六門外語，即便你本身的語言天賦不是很高，其實也是能夠做到的。如果你不能將自己的心智慧力，專注於某一方面或是某項工作的話，你就是放任自己的心智慧力在慢慢地退化，你也將會失去自己把握永恆青春秘密的能力。

如果說學習語言這方面的事情，並不能激起你的興趣，就讓我們看看其他方面的心智活動吧，這些心智活動，同樣能夠給我們帶來相似的刺激——比方說一些全新的科學思想或是實驗，文學領域的創新或是哲學層面的深入調查，等等。你只需要確保這些事情，是需要付出全新的心智努力，而不是重複著你過去懷揣的一些觀點就可以了。當你對這些全新的研究，逐漸缺乏熱情的時候，你就更需要去做這樣的事情。你要努力鞭策自己的心智，直到它能夠激發出全新的能量。你要擺脫之前的懶惰，將自己從沉睡中喚醒。你要大聲呼喊，勇敢地前行。

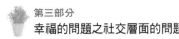

如果你能夠做到的話，就必然會懷著全新的決心勇敢地前進，在你看來，這個世界並不存在什麼年輕與年老的區別，當你能夠在一種合理的範圍內，去做讓自己充滿激情的事情時，就必然能夠找到年輕的秘密。就像許多天賦超群或是受到上天寵愛的人那樣，你同樣能夠在五十歲、六十歲或是七十歲的時候，保持著年輕的心態，你依然可以每天激勵著自己前進，不斷去進取，感受著取得每一份成就所帶來的喜悅。你肯定會在某一天離開這個世界，因爲歷史上所有追求著永恆青春的人，最後都會離開這個世界。但你必須要在正常的範圍之內，不斷提升自己的能力，避免各種不良的習慣讓你未老先衰。其實，你可以徹底遠離年老一詞所具有的負面影響。

衡量一個人生命的標準，是看他是否活的有價值，而不是看他活了多久。

——普魯塔克

優秀的人懂得延長自己的生命，因爲重溫美好的過去，就等於活了第二次。

——馬修爾

第十一章　金錢與理想的對比

你不可能因爲一個人擁有很多的物質財富，就將他稱爲一個快樂的人。那些懂得如何善用上帝賜予的天賦、知道如何忍受物質匱乏帶來的痛苦的人，才能眞正稱得上是幸福之人。

——賀拉斯

成爲富有之人，這是一張通向傑作以及成爲國家傑出人物的入場券。

——愛默生

每個人都是消費者，所以理應成爲一個生產者。如果一個人不能償還自己虧欠給世界的東西，爲這個世界增添一些價値的話，他就無法實現自己眞正的價値。

——愛默生

在這種情況下，人們面臨著兩個敵人——財富與貧窮。其中一個敵人，會用奢華的生活腐化我們的靈魂，而另一個敵人則會透過它帶來的痛苦，讓人處於一種不知廉恥的狀態。

——柏拉圖

有一個重要問題，是每一個胸懷大志的年輕人，在人生早期都應該回答的，對這個問題的回答，會決定著他們的未來。這個問題就是：爲了賺到金錢，人生的理想可以忽視嗎？或是我們必須要爲了金錢，而忽視智慧層面上的生活嗎？

很少有其他問題能像這個問題一樣，讓人們有如此多的探討或是舉出各種不同的例子，去證明自己的觀點。我們在金錢的錯誤引誘之下，可以非常輕鬆地用長篇大論，去闡述金錢的重要性。但是我還是覺得下面要談到的兩個引言，比較打動我，這兩個引言是從相同的方面去闡述這個問題的。其中一個簡潔的引言原文是希臘語的，另一個引言則更加詳細一些，但這兩個引言都說明了相同的道理。我之所以更願意列舉這兩個引言，就是因爲其中一個引言，是兩千多年前的人所說的，另一個引言則是一個半世紀前的人所說的，因此這兩個引言能夠讓我們明白一點，那就是對金錢的崇拜，並不是某個時代或世代的人才專有的，從而可以反駁一些人對此的愚蠢看法。事實上，只要我們隨意地對此進行一番搜索，就會發現這樣的精神，在人類歷史上是相當普遍的。

我們的這一句希臘語引言，可以在《希臘選集》裡找到，這句話的作者據說是賽奧格尼斯，很多人對此還是存在疑問的。他的這句話是相當簡短且高度概括的。

金錢會讓世人爲之瘋狂。

我們的另一句引言，則來自約翰·喬廷在《雜錄》裡的一段話，喬廷是英國一位教會歷史學家與評論家，生於一六八九年，卒於一七七〇年。雖然他的這段引言是比較長的，但卻對當下很多人提出的疑問給予了回答。因爲幸福這個話題，本身就是一個非常直接的主題，所以我們可以藉助這樣的機會進行詳細的闡述。

喬廷說：

我們該去哪裡找尋幸福呢？她會躲藏在哪裡呢？幸福是一位謙卑的隱士，很少有人能在這個忙碌而具有禮貌的世界裡找到她。在所有的虛榮與邪惡背後，所羅門能在太陽底下看到她。因此，我們還是有機會去找尋到她的。每當幸福出現的時候，富足的生活就變成了一件危險的事情，很少人能夠有足夠強大的心智慧量，去面對財富帶來的巨大衝擊。一夜之間從卑微的身份中提升起來，有時這能夠展現出我們具有能力的美德，但這其實是無法保證的。因爲這可能會將我們靈魂的每一個角落都暴露出來。而在我們貧窮的時候，這些可怕的陰暗面可能會潛伏起來，被我們完美地掩飾起來。

一個誠實且具有理智的人，若是處在中等地位，所處的環境相對富足，不至於過上物質匱乏的生活，他就擁有了各種必要的條件，去感受到人生的美好。他需要憑藉自己的謹慎、學習以及勤奮，去實現這個目標。如果他想要透過傷害自己的良心或身體的方式，去賺取更多的金錢，他是不可能找到幸福的。他可能擁有許多朋友，認識很多與他一樣有地位的人，他可能得到過他們的幫助，同時也給予了別人一些幫助。他擁有屬於自己的事業，還有很多業餘愛好，能夠過上一種簡單、節儉與純眞的生活，能夠感受到生活中點滴的樂趣。突然之間，他在教會或國家裡的地位變得非常高。

現在，他獲得了很多財富，就會對自己說：「過去物質匱乏的日子已經過去了，富足的日子就要到來了，我就要能感受到幸福了。」錯了，世界上並沒有這樣的事情。現在的他，可能再也無法感受到之前所感受到的幸福時光了。他可能會遠離之前的朋友，或是以一種驕傲、疏遠或是冷漠的態度，去面對這些朋友。友好、自由且開放的交流，理性的提問，眞誠、知足簡單的生活樂趣，可能再也無法被感受到了。他現在會結交一些全新的朋友，產生了一些全新的欲望，有了許多全新的煩惱，每天要花很多時間去思考一些事情。他再也沒有時間，去提升自己的心靈或是認知能力了。他胸懷大志，每天都處於一種焦躁不安的狀態，最後在富有中去逝。

喬廷在上面所提到的例子，是從生活中凝練出來的，沒有人會懷疑這點。我們中絕大多數人，都能夠從前輩那裡得到這樣的簡單經驗。這樣的生活給我們帶來的教訓就是，我們需要對這些人的人生結局進行深入思考，從而得到一種警示。在我們十分具體明確地指出其中的教訓之前，首先就要長時間地思考這個問題的另一面。既然談到了這個方面，讓我引用另一句話。這句話與我們的第一句引言一樣，都是來自《希臘選集》裡的智慧之言。

這句話的作者是巴拉達斯，他就曾用這句話，去規勸那些盲目追求金錢的人。

哦，金錢，諂媚者的父親，痛苦與煩惱的兒子，擁有你是一種恐懼，沒有你則是一種悲傷。

正是這句話的最後一點值得我們思考，「沒有你則是一種悲傷」——如果金錢代表著一種邪惡的話，那麼追求金錢就是一種邪惡的行爲。你的理想也將出現方向性的錯誤。但是在這個現實世界裡，我們並不能徹底否定金錢的重要性。

在這裡我需要指出，這是人類普遍都有的經驗。上面那句話的思想是存在相互矛盾的，但這樣的矛盾之處，卻也同時代表著一個事實。正如喬廷所說的，我們的財神並不十分帥氣，但若是我們身在絕對意義上的物質匱乏狀態，難道我們不會輕易地追隨財神的腳步嗎？對世人來說，一下子擁有太多的金錢，可能會讓他們變得瘋狂起來，但難道人類的理智，就是貧窮的生活的產物嗎？至少，許多具有雄心壯志的富豪，都沒有比那些想要努力爲自己親愛的人提供一日三餐的人更加幸福。因此，理智的判斷並不能完全對此給予肯定。

因此，我們必須要思考「金錢是諂媚者的父親，痛苦與煩惱的兒子」這句話的意思，不管我們對此持有怎樣一種鄙夷的態度。無論我們在年輕時，對金錢的誘惑多麼不看重，我們都可能覺得自己身處的人生階段，是非常需要金錢的。

我可以非常清晰地回憶起在我年輕的時候，很多成功商人所說的一些憤世嫉俗的話語，給我帶來的影響，這些商人一心想著追求金錢，並在這個過程中扭曲了自己的心智，喪失了之前很多的人生興趣，失去了深刻的洞察力以及正常的理智。他們會說：「年輕人，你們要得到那些真正瞭解世界的人給予的建議。你們遲早會像我這樣，感受到金錢所具有的價值。任何一個人只有得到了財富之後，才能夠擺脫他人的嘲笑。」

我曾選擇不去相信這位憤世嫉俗之人的話語。我不願意承認自己其實現在是認同他的這段話的。但我覺得，當一個人對歷史有了更加深刻的認知時，他對人類的認知就會更加圓滿與成熟，他就會更願意承認這樣一些、可能不受世人歡迎的話語，所具有的真實性。

也許，最糟糕的情況就是，我們可能寧可對這些不大全面的話語進行解讀，也不願意對那位憤世嫉俗之人的話語，進行深入的研究。畢竟金錢只是一種象徵而已。即使我們擁有一座金山的財富，倘若生活在一個荒無人煙的地方，這些金錢對我們來說也是毫無意義的。但在我們的文明社會裡，金錢可能代表著很多人們想要的東西，能夠給我們的感官帶來即時的滿足。可以說，金錢除了能帶給我們物質需要的食物之外，還能夠給我們帶來許多心靈與精神層面上的滿足，但這也不過是金錢所能帶來的一種可能性而已。金錢的重要性也的確是我們每個人都不能去否定的。因此金錢是每個理智的人都想要追尋的東西。

這就是很多理想主義的夢想者，在金錢這個問題上，被世人嘲笑的一個重要原因。這也是很多原本躊躇滿志的年輕人，沒有按照自身意願做出選擇，而是表現出自相矛盾的原因。他們會興奮地說：「在金錢與理想之間，我選擇了理想。每個人都會選擇理想，不過，這樣的理想顯然是與金錢存在著密切聯繫的，我們最終得到的結果，能夠直接或間接增強我們的購買力。」

我們必須要坦誠地承認一點，那就是在現實世界裡，很多具有現實影響的成功，都與幸福存在著本質的聯繫。那些貧窮卻胸懷大志的人，一般都會首先追求物質上的財富。有時，饑餓會激勵著狂熱者不斷前進，但是天才們更爲理智的創造，那是絕對不可能在饑餓的狀態下完成的。古希臘的迪昂·哈利卡爾納索斯就是最好的證明。任何一個具有深刻思想的人都必然會贊同，要想有所成就，必須要滿足日常的基本生活需求。

另外，我們可以肯定的是，世界上任何具有創造性價值的發明或是發現，都絕對不是那些敷衍工作的人所完成的。即便他們原本有能力將工作做好，但他們可能卻沒有足夠的金錢作爲支撐，不得不盲目地追求所謂的速度，從而降低了工作的品質。

一般來說，我們都會傾向於認爲，天才都是在閣樓的饑餓生活環境下，完成偉大發明的。但在現實世界裡，那些最偉大的天才，通常都是與他們在現實中取得成就的能力，緊密聯繫在一起的。莎士比亞用他的筆桿子，爲自己贏得了財富，雖然他所處的那個時代，靠筆桿子賺錢還是不大容易的。彌爾頓是當時英國最權威的統治者的私人秘書與擁護者。但丁對他所在時代的政治事務非常感興趣，這一點我們稍微瀏覽一下《神曲》這本書就可以知道。

馬基維利、培根、李奧納多・達・文西以及牛頓等人都是王室的參謀。在更遙遠的時代，亞里斯多德與兩位普林尼，乃至我們當代的格拉斯通與俾斯麥都是如此。伏爾泰曾短暫地放下文學創作，努力經商賺錢，從而向世人證明賺錢並不是一件很困難的事情。格洛特與施里曼是在透過經商實現了財富自由之後，才開始進行創作的。而維多利亞時代最著名的歌手，也曾以簡樸的生活而著稱，因爲成名前，他也必須要靠製作器具來維持生活。

現在很多虛僞之人所說的話語，都已經變成一種流行語了，說繼承財富就代表著一種不幸。毋庸置疑，有時對那些缺乏人生動力的年輕人來說，若是他們一下子繼承了許多財富，這必然會讓他們喪失人生的奮鬥願望。但我們也需要注意，繼承財富並不能阻擋那些天才，釋放他們自身的能量。這類天才的名單是非常長的——從古希臘的柏拉圖到吉本、拜倫、達爾文、白朗寧、羅斯金以及丁尼生等人——這些天才人物都生在富裕的家庭，但他們從未想過單純過上一種物質充裕的生活。因此，誰能夠說擁有財富，會影響這些人實現了最高意義上的成就呢？

胸懷大志的夢想者們，你們不要被那些過著奢侈生活的人的嘲笑所嚇倒。你們要以適當的眼光，去看待金錢的重要性，同時堅守自己的人生理念，讓金錢成爲你的僕人，不能讓自己成爲金錢的奴隸。這其中就蘊藏著很重要的一點：你始終都必須要記住，獲取財富只是實現目標的一種手段，其本身並非一個目標。你要牢牢地抓住自己的人生理想，即便是在你努力追求一些現實目標的時候。如果你想要實現自己內心宏大的心願，你就會找到滿足這些願望的方式。事實上，你想要擺脫當前的煩惱與負累，這反過來會督促你要認眞工作、心懷謹愼，讓你遠離任何一種對金錢的盲目崇拜。如果你始終能夠保持自己的理想，你就能在休閒時間裡，認識到這樣做的重要性。當你這樣做的時候，你就能將自己的另一種本性挖掘出來，從而讓你擺脫金錢所帶來的各種限制。你將會避免對物質的盲目追求，取代你對人生的重要追求。當你最終對金錢有了一種合理的看法時，就能夠在工作之餘感受到自由的人生。

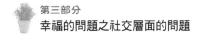

第十二章　職業與業餘愛好的對比

人類的幸福……是由三個部分組成的——行動、愉悅以及懶散。雖然對不同的人來說，這三個部分是應該按照不同的比例混合起來的，但若是一個人缺乏其中任何一個部分，都必然會影響到整個人的幸福。

——大衛・休謨

我傾向於認爲，只要事情能夠給我們帶來眞切的樂趣，並且不會給我們帶來任何不良的後果，這樣的事情就是好的。而那些會給我們帶來痛苦的事情，則是不好的。

——柏拉圖

我們應懷著樂觀主義的精神去思考業餘時間，因爲這能夠更好地提升你的人生。但是，我們也絕對不能忽視這樣一個事實，那就是理想狀態下的財富獨立，可能永遠都是無法實現的。無論你多麼努力，在當下的經濟狀況下，你可能永遠都無法積累足夠的財富，讓你在退休之後能夠頤養天年。至少，絕大多數人都無法實現這個目標，這的確是讓人感到遺憾的。但是，你可以充分利用工作之外的時間，去從事一些業餘愛好，讓自己得到更大的好處。

只是專注於工作，不去參加任何娛樂活動，這可能會讓我們成爲一個無趣沉悶的人。你的大腦就像是機器一樣，需要充分的休息時間，才能從一天疲憊的工作中解脫出來。你需要改變自己的一些工作狀態——讓自己換一種思考方式，或是參加一些遊戲活動——這對於你重新恢復心智的能量，具有神奇的作用，更別說這樣做會給你帶來直接的精神愉悅。充分享受業餘愛好帶給你的快樂，這就好比給我們整天處於焦慮狀態的大腦，開了一劑良方。

誠然，這樣的業餘活動，可能幫助我們消除目前遇到的一些問題，但這無法幫助我們預防未來可能會遇到的問題。如果這能夠讓你的雙腳，穩穩地踩在今天的土地上，但是卻可能會讓你無法勇敢地跨越明天的橋樑，更好地實現人生的進步。因此，你有很多合理的理由，要求自己培養一些積極良好的業餘愛好，更好地滿足個人平常的身心需求。每個星期或是每一年，你都需要讓自己得到充分的心智鍛煉，獲得更多的心靈自由。最終，你會發現原來自己能夠獲得這麼多的自由時間。你將能夠更爲充分地感受到人生的圓滿狀態——這也是我們表達個人幸福情感的另一種方式。那些對自身工作之外的事情都提不起興趣的人，很容易養成一種自我憐憫或是懶散的個性。即便這樣的人，可能取得了很大的個人成就，但我們還是覺得，若是他能夠積極拓展自己的人生視野，他所能夠獲得的樂趣將會增加許多。這些人缺乏生活所帶來的各種積極樂趣，就好比他們每天都吃著相同的飯菜一樣。

在這方面，你可能不會模仿這些人的行爲，即便讓你因此獲得成功的獎賞，你可能也不會願意這樣做。因爲你會從這些人扭曲的個性中，得到深刻的警告。如果你在休閒時間裡，沒有任何能夠給你帶來快樂的事情可以去做的話，你就應該選擇一個業餘愛好。如果你掌握了工作的樂趣，你同樣應該掌握娛樂的藝術。娛樂是你人生幸福的一個元素，可以說選擇一種業餘愛好的重要性，其實與選擇一份正確工作的重要性是差不多的。

至於這些業餘愛好具有怎樣的品質，這只有你的個人品味、機會或是需求等方面的因素才能夠決定。如果你對調查研究擁有著很強烈的興趣，你當然可以選擇這個方向的個人追求。或者說，如果你覺得自己是一個普通人，即便你擁有多種業餘愛好，這也是無傷大雅的，只要這些業餘愛好能夠給你帶來持久的樂趣與快樂就可以了。還有一點是我們需要注意的，我們的業餘愛好最好不要與我們的工作，存在太多的相似之處。

如果你的工作需要你養成久坐習慣的話，你的思想就會很自然地告訴你，你的愛好應該與戶外活動相關，它能夠給你的身體帶來鍛煉。狩獵、釣魚、騎車、划船、駕車兜風，這些業餘愛好可能會進入你的心靈。還有諸如網球或是高爾夫球等體育運動項目，都是你可以選擇的。所有這些業餘活動，都有助於我們的身體與心智的健康發展。即便是對於那些不怎麼思考的人來說，時常參加這些活動，也能夠給他們帶來相應的樂趣。對很多中年人來說，要想很好地利用休閒時間，他們就應該盡可能始終對這些業餘愛好充滿興趣，堅持從年輕時一直培養起來的業餘愛好。

除此之外，還有不少人對體育鍛煉缺乏興趣，這些人對任何形式的體育鍛煉或是競賽，都提不起任何興趣。很多擁有最偉大心智的人，都是身體上很懶惰的人，即便他們擁有著良好的體魄，也不願意參加這些體育活動。亞伯拉罕・林肯就是這樣的一個人。林肯曾說自己是這個世界上最懶惰的人。在林肯這個例子裡，若是從生理學的觀點進行分析的話，林肯的大腦可能天生就要進行更高強度的心智鍛煉，從而取代了運動中樞所發揮的作用。

但是，不管我們找怎樣的理由，還是需要記住一點，那就是我們應該在選擇業餘愛好的時候，進行一番思考。對很多人來說，沒有什麼事情比身體層面上的鍛煉，更能夠讓他們感受到一種業餘愛好所帶來的各種好處了。

不過，幸運的是，我們並不缺乏其他可以選擇的業餘愛好。比方說，機械領域就能給我們帶來許多研究的機會，而這樣的研究會給我們帶來持久的興趣。任何想在物理實驗裡進行研究的人都會發現，只需要將物理儀器通上電流，就能夠利用這些簡單的儀器，去發現無限的可能性。一個化學實驗室同樣能夠給我們帶來這樣的樂趣，甚至有可能會給我們帶來一些意外的驚喜。氧氣的發現者普里斯特利博士，就是用一根老舊的槍管進行了多次的實驗，才發現這種化學物質的。他的職業是一位教堂牧師，只是利用業餘時間進行科學研究，但是世人最後卻只記住了，他是人類科學史上最重要的人物之一。可以肯定的是，他在十八世紀所使用的實驗儀器，與今天的研究人員所使用的研究儀器，不能相提並論。但是，我們依然還是能夠購買一些廉價的小儀器，來滿足我們自身的一些研究興趣。

對一些人來說，對光學領域的研究，也對他們充滿著誘惑。我認識一位印刷行業的人，他藉助分光鏡，將自己的業餘時間，都投入到對氣體以及其他物質的研究之上，並在接下來的實驗裡，找到了人生中全新的熱情。還有一些人對顯微鏡產生了濃厚的興趣，他們覺得顯微鏡能夠幫助人類，看到一個肉眼無法看到的未知世界，並對此產生了濃厚而持續的興趣。或者說，如果你擁有了一個小型天文望遠鏡，你可能就會在業餘時間裡研究宇宙的星群，挖掘讓人類困惑了許久的未知世界。

在其他的領域裡，你同樣能夠成爲一位發現全新事物的探索者——很多原本不知名的研究者，都利用自己的業餘時間進行研究，最後得到了一些驚人的發現。赫歇爾在他還是一位音樂老師的時候，利用業餘時間發現了天王星，震驚了整個世界。奧爾勃斯，這位天文學領域的另一位傑出人物，一生都在利用業餘時間進行天文研究。他的職業是醫生，與很多從事科學研究的業餘愛好者一樣，他是透過觀察得出一些發現的。諸如這樣的例子還有很多：布萊克利用業餘時間，成爲了一名化學家，赫頓用業餘時間，成爲了一名地理學家，神奇的湯瑪斯・楊以及達爾文等人，都是充分利用業餘時間，在另一個領域取得輝煌成就的代表人物。邁爾最後竟然成爲了發現能量守恆定律的人。萊迪成爲了美國的古生物學家，赫胥黎成爲了進化論的著名支持者。所有這些例子都充分說明，很多人在將醫學當成謀生的職業時，卻利用業餘時間得出了許多重要的科學發現。

我們也並不一定要將這樣的領域局限在科學方面。奧利弗・戈德史密斯、湯瑪斯・斯莫里特、福雷德克、席勒，這些都是原本從事醫學研究的人，讓・阿斯特呂克原本是路易十四國王的私人醫生，但他卻發表了《聖經的高等批判》，爲現代人運用現代的方法進行思考打下了基礎。

這樣的例子充分說明了一點，那就是我們的業餘愛好，可能與日常的工作相差甚遠。其中不少的例子都說明，很多人在業餘愛好中取得的成就，要比他們在正式工作中的成就更高。我們也很難反駁這樣的事實，即一些人可能在追隨全新宗教理念的時候，展現了更多的能力。我一直堅持這樣的觀點，那就是我們所選擇的業餘愛好，要能夠爲我們正式的工作提供持久的幫助，讓我們始終對這份工作充滿興趣與熱情。這就是爲什麼之前幾個段落所提到的各種娛樂以及消遣活動本身，並不能讓人們感到愉悅的原因。

但是，我們絕對不能輕視，諸如走路、騎車、開車兜風或是打高爾夫球等休閒活動所帶來的好處。狩獵或是釣魚等體育活動，最好與一些自然研究方面的學科聯繫起來——如植物學、動物學、鳥類學、地理學等學科，若是將業餘活動與這些學科的研究結合起來，必然能夠給我們帶來全新的感受。但在這樣的情況下，原來的體育活動可能就會在你的興趣中，處於一種次要的地位，因爲你的熱情可能會專注於記錄鳥類筆記，或是對一朵尚未被世人瞭解的花朵或是某些神奇的岩石進行分析，最後這將有助於你對自然界裡最高級的生物——人類本身——進行研究提供各種條件。研究動物學，可能會被證明是我們研究人類學與社會學的重要途徑。對那些認眞嚴謹且富有邏輯精神的學生來說，研究這些領域是最好不過的了。因爲這些人可以在對自然的研究中，得到更多的生物學方面的訓練。

但是，你個人先天的追求，可能與科學層面的研究完全不相關，對科學的研究，可能根本無法提起你的興趣。在這種情況下，藝術領域的事情，可能就會吸引你的注意力。也許你對繪畫充滿興趣？如果是這樣的話，你可以利用業餘時間，進行繪畫方面的訓練，掌握一些繪畫的技巧。因爲對這些人來說，沒有什麼事比看到一張白紙或帆布上，逐漸出現全新的物體形狀，更能夠給他們帶來內心的興奮之情了。也沒有什麼事比繪畫，更能給我們帶來一種創造的感覺——當然，前提是我們創作的畫作具有足夠的藝術性。

但是，如果你缺乏藝術方面的眼光或天賦，學不會藝術家們所掌握的藝術創作技巧，怎麼辦？如果是這樣的話，你也不需要有任何的恐懼之情，因爲只要你對任何話題感興趣的話，都是可以參與進去的。人們經常會說，任何掌握了書寫的人都能夠掌握繪畫。我說過，人類書寫的歷史，其實就是人類表達事實的一個過程。在遠古時代，人類只能夠透過描繪出一些圖畫，去表達自己的意思，或是用一連串的符號去表達一些思想。這種用圖畫去表達意思的方式，可以在尤卡坦半島的瑪雅人遺跡，以及古埃及時代的象形文字裡得到體現。我們並不能說這些圖畫的創造者，缺乏任何繪畫的技能。而現代的作家在創作的時候，不會感受到那麼多的困難，因爲現在寫作已經變成了每個人都能掌握的一種技能。事實上，每個孩子在學會文字的含義之前，就學會寫這些文字了。如果這些孩子都懂得如何去書寫文字，只要付出一定的努力，他們必然能夠畫出任何想要畫出的物體。

當然，這並不是說每個人都應該非常擅長繪畫。但從另一方面來看，我們會驚訝地發現，在繪畫班裡，不知道有多少學生，都已經掌握了同等的繪畫能力。在藝術學習裡，幾乎每一位學生，都是某個藝術領域的優秀人才。當然，也並不是每個人都能非常從容地做到這點，但是他們最終還是透過不懈的堅持與努力，掌握了這樣的熟練程度。看到很多學生在帆布前思考，在每一英尺的帆布上，展現出高超的繪畫技能，然後在巴黎的畫廊中展出，這是相當讓人震驚的。在十位藝術家當中，可能只有一位藝術家能夠找到真正的藝術靈感，甚至在這十位藝術家當中，沒有一個人能夠將自己的藝術理念傳播給世人，可能也沒有一位藝術家，能夠描繪出一幅能夠讓人印象深刻的畫作。十有八九的藝術家，都是按照自己熟練的手法進行創作的，而不是聽從自己內心的召喚。雖然他們掌握了讓人信服的繪畫技巧，但是缺乏靈魂的畫作卻無法振奮人心。

如果你認爲繪畫能夠給你帶來快樂，你就不應該因爲恐懼自己永遠都無法掌握這門藝術而拒絕學習它。如果你付出的努力能夠得到恰當的指引，並且你能夠忠誠地追求這樣的目標，這就能夠給你帶來之前不敢想像的美好結果。如果你最後得到的只是平庸的結果，那麼爲這個世界增添另一位水準一般的畫工，這也不是什麼罪過。如果你能夠從繪畫的過程中，感受到人生的樂趣，你的主要目標也就實現了。因爲我們在此談論的是一種業餘愛好，而不是你的職業。我建議那些缺乏藝術興趣或是沒有天賦的人，都不要將創造藝術視爲自己的專業。

在這裡，我們沒有必要詳細地討論諸如雕刻與音樂等藝術形式。很多人在談到繪畫的時候，都會說「在細節上做必要的修改」的原則，同樣適用於這兩種藝術形式。投身於這兩種藝術形式，同樣能夠拓展我們的興趣，讓我們能夠在休閒的時候，感受到純粹的快樂。但在這裡我們需要明白一點，那就是長期的努力，可以讓我們瞭解更多這方面的細節，爲眞正熟練掌握這些技能打下基礎。

對於那些沒有時間、精力或是興趣去充分掌握這些技能的人，他們還可以將攝影當成業餘愛好——攝影可以說一半是藝術，一半是機械的科學，但幾乎每個擁有相機的人，都想著要將相機的潛能充分挖掘出來。除了攝影單純所具有的內在價值之外，攝影還是一門技術，可以幫助我們更好地從事其他方面的研究。光譜學家、天文學家以及微生物家都認爲，將他們在研究過程中的一些發現記錄下來是無比重要的。藝術家們認爲用攝影代替素描本去記錄轉瞬即逝的印象，這實在是太重要了。在認知自然的過程中，攝影具有了無可取代的地位。以前，打獵活動要帶著獵槍，現在人們去野外時卻會帶著相機，因爲他們覺得相機能夠充分發揮他們的技能，更好地滿足他們內心的一些願望，因爲他們能夠透過攝影的手段，在不傷害鳥類或是野獸的情況下，留下這些動物的影像，爲我們更好地瞭解這些動物提供了基礎。

更為重要的是，我們不再需要像之前那樣，只有屠殺這些動物，才能夠認真地研究它們。

毋庸置疑，這就涉及攝影的多種功能——你再也不需要將自己的業餘愛好，局限於某一方面。攝影作為我們一種單純獲得樂趣的手段，通常能給我們帶來想像不到的好處。當然，你的許多業餘愛好，可能都只停留在淺層階段，沒有掌握很多的基本技能。但換個角度來看，一種技能往往能夠幫助我們獲得另一種技能。正如多樣的業餘愛好能夠幫助我們感受到深層次的樂趣。對那些有多種興趣的人來說，他們很少會為自己的多才多藝而感到後悔。我竊以為，若是他們能夠將更多精力集中在某一方面的話，也許能夠取得更大的成就。

但是，不管你的業餘愛好是比較單一還是多樣化，也不管我們在上面提到的各種業餘愛好，是否讓你產生興趣，你都有機會從自己喜歡的事情中，感受到更為直接的樂趣。因為你有機會與自己志同道合的人一起進行交流。每一門具體的學科，都會有相關的雜誌或報刊，這能夠讓你與其他人進行間接的交流。不少學科的愛好者，都會形成一些俱樂部或是協會，更好地加深彼此的交流。

這意味著一生的友情，可能是在與那些志同道合的人的交流過程中形成的。畢竟，沒有什麼事比與志同道合的朋友進行交流，更能給我們帶來持久與確定的快樂了。愛默生說：「人生最美妙的事情就是交流。」交流意味著相互的興趣以及共同的知識。比方說，若是我們與那些缺乏共同愛好的人談論某些術語的話，他們可能會完全不感興趣。

基於共同興趣愛好而形成的友情，與商業圈子裡形成的友情是不同的，因爲前者的友情要更加無私與眞誠。商業競爭會將人性中骯髒的一面暴露出來，使你對人生原本純粹的觀點，蒙上悲觀的色彩。人們甚至會懷疑自己的朋友所表現出來的誠實，認爲「每個人都是有一個價格的」。從事商業的人都會明白這樣一句格言：「可以的話，誠實地賺錢，但不管怎樣，最後都要賺錢。」如果一個人從沒有看到過別人這樣做的話，那麼他是相當特殊的。他可能至少會變得自私、冷漠或是憤世嫉俗。他必然要對商業圈子裡友情的眞實性打個問號，因爲很多人都是從金錢出發進行考慮的。

但是，因爲共同興趣愛好而結交下的友情，則不需要經受這方面的考驗。因爲這其中不存在任何形式的競爭或是對抗。我們的這些朋友無論在業餘愛好方面表現的多好，都不會從我們的口袋裡搶走金錢，也不會對我們的正式工作，產生任何不良的影響，只會鼓勵我們付出更大的努力去工作。

對金錢的追求，可能會將人性中醜惡的一面呈現出來，與此不同的是，對積極良好的業餘愛好的追求，將會展現我們人性中的善意。那句冷冰冰的話語——「每個人都是有一個價格的」——可能在商界裡有其巨大的威力，但在這樣的友情世界卻是不適用的。因爲我們付出的任何誠實的努力都會得到回報。

我們可能會相信一點——或者說絕大多數人都會相信一點——那就是誠實是最好的態度，即便在純粹的商業投資裡，事實也是如此。但是我們不能忽視一點，那就是一些人透過不正當的手段獲得了財富。此外，誠實一詞有可能被不同人做出多樣化的解釋，然後運用到現實的事務當中。有時我們會發現，一些商業做法可能會被世人或是法律所認同，但若是我們站在抽象的道德高度去進行審視的話，就會發現現在很多獲得財富的行爲，都是經不起考驗的。你們會經常發現一個人聳聳肩，然後憤世嫉俗地說：「沒有比成功更能帶來成功的了。」其實，說這些話的人獲得財富的方式與手段的正當性，都是值得懷疑的。

但是，能夠助你事業有成的方法，或許並無讓人們詬病的地方，可你還是會發現，要獲得信賴，就必須接受別人的觀察和證明；而且這種取得成功的方法，也必須是別人能夠學會的。我們對這些事情的全新解讀，必然要從邏輯以及合理性方面出發——假設你的目標是想在藝術領域內取得成功——你的繪畫或是雕刻作品，都需要證明你付出的努力以及誠實的行爲方式。在這裡，也沒有比成功更能帶來成功的方法了，這裡不存在任何污點或是值得被人們詬病的地方。

我們還需要注意另外一點。無論我們以多麼誠實的方式進行商業競爭，這始終是一種對抗——一場眞正意義上的競爭。你所取得的成功無論多麼合法，都是以某些競爭力較差或是不幸之人的犧牲爲代價的。除非你能夠善於管理自己的財富，否則你所擁有的財富，可能會成爲對人類的一種危害——損害人類的整體幸福感。但是，你在科學領域進行的研究，卻很少會損害到任何競爭對手的利益。你所取得的成功，可能是所有人都會爲之歡呼的，這能夠幫助別人去完成類似的研究，或是直接增添人類的價值。與此類似，你的藝術作品就其成功的程度來說，也會直接增添人類的幸福感，而不會給任何人帶來傷害。因此，你的業餘愛好可能還會具有更深層次的價值，雖然你可能只是爲了自身的娛樂或是消遣而從事這些事的。但你最後所得到的結果，可能則是完全利他的。

這個結論，能夠讓你明白之前內容的眞正含義，那就是善用休閒的時間，能夠給你帶來更多的人生樂趣，增添你的人生價值。

第四部分

幸福的問題之道德層面的問題

第十三章　人生的伴侶

每當我們想要擺脫家庭生活，去尋求人生的幸福時，必然會收穫疲倦、失望與憤怒。我們在家裡與家人或是朋友一起度過歡樂的時光，比我們在任何地方所感受到的快樂都要更好一些。無論世人口中外部世界的喧囂與煩惱有多少，當我們體驗到了在火爐旁真正的人生歡樂之後，外部的一切都會變得可鄙或是索然乏味起來。

——約翰・波義耳

愉悅本身就代表著一種美好的東西。

——柏拉圖

眞正完全具有善意的人是很少的，眞正具有惡意的人也是很少的，絕大多數人都是處在善與惡之間的。

——柏拉圖

有人曾問亞里斯多德，我們該怎樣去對待朋友。亞里斯多德回答說：「我們想要朋友怎麼對待我們，就要怎樣去對待朋友。」

——第歐根尼・拉爾修

幸福只有在分享之後才會變得完美起來。

——珍・波特

我相信，一般正常人做出要結婚的決定都是明智的，這一點我相信不會有人反對。婚姻的制度可以說是人類文明的基礎，也是我們整個社會朝著更高目標前進的一個重要基石。對某些人來說，他們的婚姻關係可能破裂了，忍受著他人的嘲笑，但這也不過是說明了，人類還存在著諸多不完美的方面。我們絕對沒有對婚姻制度本身有任何的質疑。這就好比我們不能因爲某些人的房子建的不牢固，最後將居住在裡面的人都砸死了，然後就譴責所有的房子。

但是，如果我們必須要結婚的話，那什麼年齡才是最適合結婚的呢？難道男人要在事業初期、女人要在離開校園之後就立即結婚嗎？這樣的結婚年齡是否真的很好呢？或者說，我們選擇婚姻伴侶的時間要推遲一些，當我們擁有了對世界更多的感悟、擁有了更加成熟的判斷之後才進行呢？

這些問題是很難回答的，因爲很多人在年輕時，都會將婚姻想像成浪漫詩歌裡描述的樣子，因此他們很難跳出現實的分析限制。但若是我們能夠清醒地明白這樣一個事實，即自然的歷史能夠爲我們提供許多方面的教訓。對處於青春階段的年輕人來說，異性之間的相互吸引，這是非常正常的，正如小鳥在春季的時候，也會出現發情期。要是沒有人類文明所設定的許多限制或是要求的話，我們的年輕人很可能就會像那些處於發情期的小鳥那樣。但是這些文明限制的存在，就需要我們人類具有比鳥類更加深刻的思想，採取更加謹慎的態度。

我們所談到的這種限制的發展是有其根源的。歸根到底，我們能夠從人類的自然歷史中，得到一個重要的事實，那就是人類的後代需要十多年的成長時間，才能夠獨立地生活。

這個事實在幫助我們推動文明進步所具有的重要性，是我們絕對永遠都不能低估的。一個極爲重要的事實就是，在所有這些自然的天賦下，我們能夠讓人類的社會保持一種穩定性。也許正是這樣一種道德與美德的基礎，才讓人類文明發展到了現在的狀態。

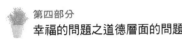

比方說，若是我們真正考慮一下這個問題所帶來的各種影響，就能對此有更加深刻的理解。我們之前談到，小鳥會在春季進行交配，然後它們很快築起一個鳥巢，給予剛出生的小鳥五至六周的呵護時間，之後，它們就會與這些小鳥各奔東西。在這樣的情況下，無論它們在選擇交配對象時是否明智，這樣的情況也畢竟只持續六周左右的時間。我們那些年輕且缺乏人生經驗的青年人，很可能會在原始動機的誘惑之下，採取這樣的行爲。但是我們需要知道，人類並不像那些小鳥，我們需要多年的努力與學習，才能夠讓心智逐漸成熟起來。還有一些年輕人，可能會在成年後的二至三年裡成家，他們也會承擔起爲人父母的責任，此時他們的父母也已經不再年輕了，可能已經過了中年——他們的人生旅程已經過了一大半，他們的人生任務可以說接近全部完成了。

在現有的狀況下，人類的婚姻變成了一個固定且持久的制度。因此，正常的男女都只能做出一次選擇，選擇他們認爲最適合自己的結婚對象，從而爲自己的人生以及後代的幸福打下基礎。只要婚姻能夠給我們人類帶來後代，這樣一個不可避免的事實，就讓所有的父母都沒有任何選擇的餘地——那就是對今天的正常男女來說，只要婚姻還被視爲正常人人生的一部分，那這就代表著一輩子的相互責任。事實上，這樣的相互責任，還關係到他們尚未出生的下一代。顯然，任何一個具有理智的正常男女，都需要睿智地選擇他們的人生伴侶，對此進行認眞的考慮，從而做出最適合自己的選擇。

但若是從另一方面去看的話，我們也絕對不能忘記一點，那就是我們有可能將這種謹愼的態度，帶到另一個極端。如果年輕人都在各方面全部準備好之後，才準備結婚的話，那可能就會有其他一些事情阻礙他們結婚，讓他們逐漸成爲年長的單身者，直到最後失去了感受人生幸福的機會。可以肯定的是，這些不幸之人的例子，是每一個年輕男女都應該引以爲戒的。

若是我們從當下比較流行的觀點去看的話，年輕的男女都具有他們個人的想法，都想要在人生早年實現自己的人生目標，所以他們會想辦法到大城市去發展。我舉一個具體的例子，一些年輕男女在某些方面或職業上，擁有著一些天賦，都傾向於認爲過早地結婚，會給自己的人生發展帶來阻礙。因此，他們不大願意結婚——我們甚至可以毫不誇張地說，不少年輕男女根本沒有想要結婚的念頭——而是選擇追求自己的事業，獲得更大的成功與名聲。除了這些尙未成名的藝術家和那些明日的報業女強人，還有很多想要成爲聞名世界的作家與音樂家的年輕男女，幾乎都持這樣的觀點。他們更願意選擇「自由」而不是婚姻的羈絆，從而更好地攀登人生的高峰。他們根本不想被家庭帶來的各種煩惱與牽絆所影響。他們的目標就是追求更爲「高級的目標」。

那些度過了人生中充滿激情時期的人，總會在回想起年輕時的那股衝勁以及熱情的時候，感到一種內心的震撼。年輕時候的那段時光，對他們來說就像一場白日夢，當然，任何一個具有憐憫心的人，都不會剝奪每個年輕人去做白日夢的權利，因爲正是那些遠大的志向，給他們帶來人生的歡樂。在絕大多數情況下，當他們將年少時期的熱情放下之後，才會體驗到人生的道路是崎嶇不平的。在那個時候，他們可能覺得年少時期血管裡流淌的滾燙的血液，已經慢慢冷卻了，失去了往日的熱情與動力，開始聆聽別人給予的一些善意的建議。他們可能會嘲笑過去的人生經驗，認爲一些古老頑固的觀點，不可能阻擋他們釋放自己的天才。

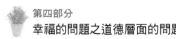

除此之外，這些年輕人通常認爲，自己應該爲婚姻生活提供各種舒適的條件，覺得自己不應該承擔婚姻生活的責任以及各種煩惱。他們認爲「鄉村式的愛情」的思想是陳舊的，認爲「一塊麵包、一杯酒以及你」的生活是無聊沉悶的——爲什麼呢？他們會想辦法給雙方提供更爲豪華的享受，覺得自己所擁有的東西能夠永久持續。

這裡所提到的心靈態度，會在很多生活在大城市的年輕人身上看到，這是一種奢華生活方式所衍生出來的標準。這樣的生活態度，曾在古羅馬時代達到頂峰。當時奧古斯都皇帝曾頒佈一份官方命令，獎勵那些結婚生育的人，懲罰那些獨身的人。這樣的法令，似乎是對公眾福利的一種傷害，這些法令的支持者——想當然地認為，這會讓羅馬變成一個更好的社會，但卻沒有能夠保持後代的品質。這樣的行為將個人的幸福感全部都剝奪了。我們都必須要承認一點，最能夠實現目標的途徑，就在婚姻這種方式當中。正是這樣的一種傾向本身，才應該得到我們更多的關注，因為隨著城市的人口不斷增長，我們這個時代的人對婚姻所持的態度，也越來越值得思考了。

對於那些已經達到了結婚年齡，卻傾向於接受萊布尼茲那句，「婚姻也許是一件好事，但睿智的人怎麼能沉浸在婚姻的世界裡呢」的年輕男女，我們又該說些什麼呢？

一個熱情的人，可能會找很多充分的理由對此進行證明，讓我們無話可說。無論老少，除了因為個人意願，很少有人僅因別人勸薦或其他因素而結婚。上面所提到的熱情之人，會躲在一些看似安全的堡壘裡面，然後追求著某種單一的幸福，在某一個敏感的時段裡，發現自己在結婚之後，卻沒有能力照顧家人，只能夠墮落到常規的生活方式當中，忘記了自己之前所有的人生熱情以及思想。儘管如此，這些不過是非常例外的情況。很多人在年輕時就應該下定決心，不應該過分專注於他們早已經設定好的目標，這可能會讓他們從早已消失的驕傲中，得到一絲的安慰。我大膽提出兩個理由，這正是那些有志向的年輕男女應該儘早結婚、選擇人生幫手的兩個理由。

我的第一個理由是：追求偉大的藝術，究其本質來說，都是利他主義的。因此，那些未來的藝術家無論具體從事哪種藝術，都應該首先培養這樣一種利他主義的精神。只有當他們脫離了先前的人生視野，才能夠更好地感受到人性的憐憫，對人生有更為深刻的洞見。以下我們假設一番，如果一個人過著獨身的生活，那他可能會心懷自私的態度，而婚姻生活中所遇到的一些煩惱，可能就會培養他的利他主義精神——這些問題只有那些充滿熱情的追求者，在結婚之後才能夠回答。若是從這種觀點進行審視的話，我們顯然可以看到，婚姻對他們的精神與藝術層面的成長，都能夠產生非常深遠的影響，因為他們的人生伴侶，能夠給他們帶來最大的幫助。

但是，一個更為重要的理由則有關個人品格。我們可以發現這樣一個事實，那就是今天的很多追求歡樂的人，無法永遠保持他們的青春，他們對一些歡樂的感受能力，也不是始終保持不變的。對很多年輕人來說，他們今天可能感到了內心的滿足，但是明天呢？若是在日後你需要無私的友情以及富於憐憫心的伴侶，你該怎麼辦呢？

這個問題本身就回答了這個問題。如果這個問題沒有給出回答，那麼很多單身人士最終決定，在中年時走進婚姻的殿堂，這樣的事實也足以說明一切。他們這樣做是正確的，雖然遲了一點，但至少要比永遠不結婚更好一些吧。他們現在有機會去感受他們之前夢寐以求的幸福生活了。雖然他們可能錯過了結婚的最佳年齡，但依然能夠感受到這樣的一種幸福。

可以肯定的是，他們現在在個人判斷力方面，已經處於一種成熟狀態了。現在的他們已經不大可能被一些轉瞬即逝的激情所影響了，雖然那句熟悉的話語，「沒有比一個年長的傻瓜更加傻瓜的人了」，是他們所無法忘記的。但是他們在性格形成的時期，已經培養了一種以自我爲中心的人生視野，他們每天都會培養自私的思想，總是想要滿足個人的需求以及願望。

這種以自我利益爲根本的習慣，可能會讓他們與婚姻伴侶之間，存在很多不協調的地方，因爲這樣的個人性格，是很難一下子改變的。這些人自由靈活的生活時間，已經成爲了過去。他們無法做出一些小小的妥協，不願意爲了婚姻的和諧，而犧牲自己的一點利益。若是他們在年輕時結婚，那麼這種性格上的差異，還是可以逐漸彌合的。因爲，當時的他們可以透過肩並肩，共同克服人生的各種障礙，給予雙方憐憫的機會，從而保證他們實現生活幸福的目標。所以，若是他們能夠在年輕時結婚的話，現在很多婚姻的災難都是可以避免的。

總而言之，很多晚婚的人在婚姻生活中遇到的問題，其實與早婚的人遇到的問題是一樣的，我們不要再一次試圖透過多種方式，去擺脫這樣的糾纏。按照一些固定的方式進行解析的話，這也許意味著最妥當的結婚年齡是在二十歲左右。因爲在這個時候，我們的心智與身體都處於相對成熟的狀態，而又尚未達到一種僵硬固化的狀態。

古代的希臘人，就將男性的結婚年齡定在二十五歲。當然，我們也必須要記住，在對一些常規的經驗進行解析的時候，一些人在二十歲的時候，要比另一些人三十歲的時候更加成熟。

再一次，我們需要明白，人生中需要解決的一個現實問題，就是要找到準確時間的決定因素。比方說，那些進入大學、進行某些專業學習的人，一般都要在二十多歲才能夠畢業，然後打拼幾年才能夠有一定的經濟基礎。當然，若是他在尚沒有經濟能力的時候就選擇結婚，無法給予妻子與之前一樣好的生活方式，這對於他們的婚姻生活來說則不是一件好事。一句憤世嫉俗的話語就曾這樣說，「當貧窮來敲門的時候，愛意就會從窗戶飛走」。這樣一句話是從很多人血與淚的教訓中得出來的，我們不應該盲目地忽視。

即便是對那些看似在年輕時，就已經建立了經濟基礎的人來說，他們有時推遲結婚的時間，也是值得讚揚的，因爲他們需要在進入一個更好的人生軌道之後，才能夠更好地瞭解自己的人生方向。他們可能不會像那些單身漢一樣，有那麼多的顧慮，但他們會覺得自己在接受教育等方面留下了遺憾，希望在日後的時間裡想辦法彌補。而那些正常的女性，也會爲自己過去沒有在恰當的年齡結婚而感到遺憾，因此，她們可能認爲過去一些美好的幻想，都已經逐漸破滅了，她們幾乎也再沒有任何可以爲自己找尋的藉口了。人性都是這樣奇怪且一致的，很少有人會願意錯過我們祖輩們認爲充滿誘惑的事情。當然，在諸如選擇人生伴侶這樣重要的事情上，每個人都會覺得，若是在中年的時候回望過去，往往會發現自己做出的選擇是不當的，認爲自己不應該放棄當時的另一些選擇。

假設我們都同意一點，即我們應該在達到了一定的年齡之後，才去選擇人生伴侶（但也不能拖太長時間），那麼我們何時做出這樣的選擇，是否要遵循某些法則或是原則呢？

也許，如果我們想要避免對其他同胞的一些根深蒂固的看法造成「侵犯」，最好要提出幾個問題。我們發現很多國家對婚姻的看法，都經歷了頗爲神秘的轉變，愛意能夠幫助我們在「神性」激情中，佔據一個安全的地位，而很多文化中關於理想主義的文學，都能夠讓我們感受到這樣一種思想，即我們的心靈會受到丘比特的影響，從而讓我們更能感受到深層次的純粹動機，這是超乎理性的一種行爲。誠然，還有一些人詢問我們，是否相信男人對女人存在的浪漫主義愛意，是當代人才擁有的，他們認爲這是從中世紀的騎士精神中演變出來的。但是，每個對希臘或是羅馬古典文學有所瞭解的人，都不會落入這樣的思想陷阱。古代詩人或是浪漫主義者所說的話，其實與現代人所說的話是差不多的，他們其實也跟我們現代人一樣，都說一些比較實用的話。他們在理想狀態的激情驅動之下，很難保持理智，也很難去容忍這其中存在的各種障礙。

難道科學傳遞出來的冷靜聲音，能夠澆滅我們人類存在已久的激情嗎？愛意激情的基礎，就在於我們相同的身體以及心靈需求，這也是我們在其他方面的欲望、激情與想法的一個基礎。我們隨處可以看到自然爲我們設定的標準。對於我們這些具有文明意識的人類來說，需要不斷推動文明的發展進步，不斷提升這樣的標準。要是人類一直以來都不注意飲食、鍛煉或是思考的法則，那麼經過數千年的演進，我們還是會像遠古時期的野蠻人一樣。在我們從人生這所學校裡，收集了更多的經驗之後，我們就會更想去追求文明、智慧與道德方面的發展。雖然很難在任何其他方面發現，但原始的本能其實對我們已掌握的知識，不會造成太大的負面影響。而這也是男女兩性之間結合的一個本質問題。

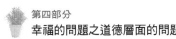

一般人在選擇人生伴侶的時候，不會表現出太多的智慧，很多女性可能在沒有深思熟慮的情況下，就成爲了孩子的母親，就像是那些牧羊人選擇種畜時所做的行爲一樣。對一般的女性來說，我們很難認爲在她們得到格外關注之前，就不能有自己的選擇。她們不同於國王宴會上的卑微的女僕，後者可能只有在自己被允許說話的時候，才能夠開口說話。

「無論如何，這個世界正在變得越來越公平。」很多人都會這樣說。但事實眞的如此嗎？如果眞的變得越來越公平了，爲什麼有那麼多不幸的人，在城市的最底層裡打拼，成千上萬的人正處於饑餓的狀態，還有數以百萬計的人營養不良，更有很多失業的人想盡辦法去找工作，但最後卻沒有成功。很多的罪犯、傻瓜、精神失常者、身體殘疾者或是先天有缺陷的人，他們都是一群不幸的人。其實，還有很多這樣不幸的人，在出生之時就註定成爲了自身存在的負擔以及社會的隱患——這些人的存在，不是對我們人類自吹自擂的智慧的一種嘲諷嗎？

當我們觀察這些人以及其他一群人的時候，就會發現很多人的命運其實早已註定，因爲他們的祖先做出了錯誤的選擇，而他們則需要出來承擔後果。我們很可能要將這樣的一種假設拋在腦後，先談論以更爲坦誠的方法，去選擇婚姻伴侶。

讓我們看看很多人都熟悉的一種妖魔化思想，這樣的思想困擾了過去的人們。這樣的思想認爲，每個人的靈魂都只有一個靈魂伴侶——只有一種「親近」的可能性——這就需要我們去努力找尋，才能夠找到幸福的目標。如果這樣的思想的確是事實的話，那麼每個人在茫茫人世間找到自己的精神伴侶的可能性，又有多大呢？顯然這樣的可能性是非常渺茫的。眞正幸福美滿的婚姻是非常罕見的，而現實生活中的許多眞實情況，其實也遠遠不是很多浪漫的錯覺所能比擬的。

可以肯定的是，成千上萬的男女都與你年齡相當，那你就有找尋適合自己的人生伴侶的可能性。誠然，這樣的情況是有很多的，最後卻讓我們看到了，這會對美滿婚姻造成嚴重的危害。因爲你的雙眼，只能夠看到今天發展的情況，而你在明天的視野可能會發生改變。在我們現有的婚姻制度下，一個最爲嚴肅的事實就是，男性並不是天生的一夫一妻制動物。若是一個男人能夠憑藉個人理智戰勝身體的動機，那麼他就是一個很厲害的人。

人類的很多普遍經驗，都可以讓你明白一點，那就是無論你對某個異性產生多麼強烈的動機，肯定還會有其他很多異性，會在人生的某個時刻讓你產生動機。公開表明這樣的信念，並不會讓你得到額外的獎賞。但是，私底下的認可，可能成爲你發洩熱情的安全閥，讓你的判斷處於一種平衡狀態。從某種程度來說，這能夠幫助你遠離單純看重身體美麗所帶來的束縛，讓你從更深層次的方面，去思考心靈與心智方面的事情，因爲這些事情，並不總是與表面膚淺的東西聯繫在一起的。美感本身並不是膚淺的東西，但是很多一時激情的人，往往都會將瞭解停留在表面。

此外，這能幫助你以符合理性的方式，去思考一些不良的身體習慣，比如遺傳性疾病或是其他的問題，冷靜地權衡一些值得讚揚的心智特徵，避免讓自己受不良因素的影響。換言之，你所做出的判斷越冷靜，你就能在選擇人生伴侶方面更加謹愼，你日後的婚姻生活就有可能更加持久。誰都不會否認，婚姻是否幸福，更多取決於夫妻雙方的相互信任與情感的穩定程度。

這樣的結合，並不是很多愛人所感覺到的眞正的成功。比方說，如果在十五年或二十年的婚姻生活之後，相互依賴、相互信任以及相互之間的愛意，要比他們一開始走進婚姻殿堂的時候更加深刻，那麼這才是成功的婚姻。在經過了多年的婚姻生活之後，夫妻雙方都知道，他們能夠分享許多具有平等價值的東西。現在，他們能夠更好地感受到相互依賴的情感，已經深入到他們生活的每一個方面中去了，甚至連他們的本性都逐漸融合，讓他們成爲彼此生命中不可分割的一部分。現在，這就是很多理想主義者的夢想，也是浪漫主義者想要追求的未來。我們可以用理智的方法，去審視這樣的愛人，瞭解到他們彼此的憐憫與寬容，才是他們最終能夠過上圓滿婚姻生活的最重要保障。

但是，那些最終實現了美滿人生的人，都必然會明白，將時間浪費在成熟且清醒的判斷之上，並不一定就會讓我們最終選對一個得力的幫手。當婚姻的儀式結束之後，這樣的決定不一定就是永遠無法挽回的。在這個世界上，沒有哪一個最睿智的選擇，能夠保證我們一定可以避免災難性的婚姻。然而，在任何一個不明智的選擇當中，我們都有可能會獲得一些意外的收穫。無論在哪一種情形下，這都要取決於我們所處的情況，還有我們用怎樣一種態度，去面對這些困難。

要想在這方面取得成功，最關鍵的因素，就是要有相互之間的信任。愛默生曾說，人生最偉大的成功，都是需要透過眞誠之人的自信與完美的理解去實現的。其實，這句話最適用於婚姻關係。若是女性主要是靠個人的身體魅力去吸引男性的話，這樣的吸引，就像是一條遲早都會斷裂的鎖鏈。身體層面上的激情，的確有非常強大的吸引力，但這並不是最持久的。眞正能讓心與心之間形成緊密聯繫的，其實是被我們稱之爲愛情的深層次情感——當然，我們從來都沒有將身體層面的吸引排除掉。

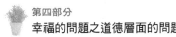

因此，我們要抓緊時間，去與對方建立起這種緊密的婚姻關係，透過相互之間的憐憫之心，建立起婚姻最牢固的基礎。你要對此給予完全的信任，不管是對你的過去、現在還是未來，都要懷有最大的期望。不要有任何猶豫、不要有任何保留。你要勤勉地工作，更好地瞭解對方的感受，因爲憐憫之心，是人類靈魂必須要擁有的一種情感，若是我們不能在家庭生活中，展現出這樣的情感，那必然會給我們帶來諸多的痲煩。你要拓展自身的興趣，包括你的配偶的一些審美觀。你要始終努力爲人性的不完美預留一些空間，在寬恕對方的同時，努力修正自己的錯誤。

所以，相比於二十歲的時候，你可能在四十歲的時候，成爲了一名更加充滿激情的愛人，因爲隨著年齡的增長，你能夠更好地感受到伴侶所帶給你的感受，這種給對方帶來愉悅的能力，是人類與生俱來的一種天賦。

第十四章　未來的一代

有一種方式，可以得到我們稱之爲「凡人幸福」的東西，那就是以眞誠持續的行爲去爲別人創造幸福。

——布林維爾．萊頓

賜給一個男孩說話的技巧以及創造成就的才能，無論他身在何處，都能夠擁有宮殿或是財富。他們不會在賺取金錢或是擁有豪華宮殿等方面，遇到什麼麻煩，因爲別人都會懇求他們擁有這些東西。

——愛默生

不管你是否獲得了婚姻上的幸福，要是沒有成爲父母，你也很難感受到婚姻生活所帶來的完整幸福。只有當你成爲了父母，才能夠從自身的品格塑造中，得到最大的收穫。當然我們必須要指出，並不是所有結婚的人，都能夠承擔父母的責任，這是毋庸置疑的。我覺得，在未來的某些時候，我們的習俗，甚至是我們的法律，都必然會認識到這樣的一個事實。但是關於這個主題的這個階段，不是我們眼下需要去討論的。在這裡，我們不需要去討論有關男人或是女人的事情，由於婚姻制度或是心理層面上，存在的一些缺陷，一些人可能無法生育自己的後代。我們在這裡主要談論的就是幸運的絕大多數人，他們都能夠生育自己的子女。

我是有選擇性地使用「幸運」一詞的，但我們也絕對不能忽視這樣的一個事實，那就是絕大多數未來的父母，一開始都從這個方面意識到這點的。對很多人來說，成爲父母是一件自然而然的事情，但是還有一些年輕的夫妻，會有意識地避免成爲父母。其中很多人會對成爲父母的想法，產生抗拒的心理，因爲他們認爲，這是對自己原本自由生活的一種損害。不過，若是在正常的情況下，這樣的情況只會延續一段不長的時間而已。隨著時間的流逝，他們的觀點會逐漸發生改變。他們會漸漸思考那些，他們原本不願意接受的概念，然後就會持一種懷疑的態度慢慢去接受。在目前來說，大自然能夠不斷給我們帶來全新的想法，讓我們能夠感受到持續的改變所帶來的奇蹟。自我利益能夠讓我們感受到種族維繫，所具有的巨大本能力量。昨天的自我主義者，在今天已經變成了利他主義者。他們對人生的整個看法，都發生了巨大的改變。對他們來說，人生有了一種全新的意義。因此，他們能夠感受到許多超越了過去愉悅的快樂感。他們的品味、嗜好、欲望都是緊緊圍繞著自己而展開的，他們在面對任何事情的時候，都將自己的利益放在首位，但當面對個人與後代利益衝突的時候，他們會想盡辦法，去爲他們的後代提供足夠的福祉。

毋庸置疑的是，父母對孩子所表現出來的本能愛意是非常深厚的，究其本性來說，這絕對是一件具有利他主義精神的事情。這就好比是靈魂中綻開的花朵——超越了這個世界上任何其他的花朵。那些沒有呼吸過芳香氣味的人，根本不知道最深層的精神愉悅所能夠帶來的快感。他們的幸福之杯從來就沒有滿過。他們甚至會感謝命運對自己的眷顧，認爲自己是少數幸運的人。他們所付出的代價就是，他們從來都不曾掙脫出個人自我主義局限的範疇，從而更好地瞭解他們想要找尋的目標。他們對成爲父母之後所處的人生高度以及全新的視野，根本還沒有一點瞭解。

但是，如果我們能夠將父母的快樂彰顯出來，就不要忽視這種歡樂所帶來的巨大潛能。我們意識到，全新一代人所表現出來的潛能以及智慧，始終都會成爲老一代人感受到愉悅的源泉。因爲父母在孩子們身上感受到的痛苦，其實是根本無法與孩子給他們帶來的快樂相比的。至於哪一種情感佔據更加重要的地位，這一切都是需要每個個體去進行判斷的。假設這其中存在著一般的正常遺傳狀態，那麼孩子在成長階段所接受的訓練，就能夠讓他們的身心得到巨大的發展，成長爲一個心智健康的人。

可以說，幸福這個問題的另一種體現，就是父母對孩子們所產生的巨大且深遠的影響。「我該怎樣教育我的孩子呢？」，這個問題是很多睿智的父母都會提出來的，他們很想要得到答案。

這本來就是一個非常寬泛的話題，因此我們的回答也必然是概括性的，或是局限於二至三個看似本質的內容。無論是在孩子成長的哪個階段，任何與孩子成長利益存在著聯繫的東西——從以恰當的方式協助孩子換牙，到幫助孩子選擇人生職業，這些方面的內容，都是與我們的主題息息相關的。因爲任何能夠讓孩子的身心處於健康狀態，讓他們能夠感到幸福快樂的事情，其實都是讓父母感到幸福快樂的事情。但是因爲許多明顯的理由，我在這裡不能列舉出這種發展的各個階段，因爲這些都是屬於護士、醫生或是教師的職責。

但是，在如何教育孩子這個問題上，還存在著一個更爲深刻的問題，我認爲最重要的一點就是，絕大多數父母都會忽視或是有意識地駁斥孩子的一些行爲。因此我會將論述主要集中在這些方面。

我認為，行為的基本準則是這樣的：給孩子的心靈灌輸有關誠實的概念，充分釋放他們對公正的本能感覺，要做到始終如一。從小時起，就要給孩子灌輸做人要誠實，始終堅守公正的思想。

現在，我認為，在一百位父母當中，可能沒有一位父母在聽到上述的這些建議之後，不會聳聳肩，搖搖頭說：「這有什麼的，這些都是我們經常所說的東西啊！」

沒錯，這些可能在他們眼中是一些陳詞濫調，但我深信，在這些父母當中，幾乎每一位父母都會將精力，集中在孩子的教育以及智力培養之上——但他們卻很難始終表現出始終如一的行為。我覺得，如果我們能夠對這些有了正確的理解，那麼日常的經驗就能夠給我們帶來一定程度的證實。

我們是否經常能夠聽到一些父母，躲避孩子提出的問題，或是以完全錯誤的說法回答孩子的問題，讓孩子根本無法瞭解事實的眞相。或者說，父母認為不告訴孩子眞正的事實，這才是更好的做法。

還有，我們是否經常看到那些友善的父母，在教育孩子的時候，給他們的心靈灌輸許多虛幻的想法（比如關於黑熊或是巨人、仙女或是小矮人等各種帶著魔鬼色彩的童話故事），從而給孩子的心靈造成了持久的傷害呢？

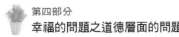

以後，這種教育孩子的方式，必然會逐漸被人們所拋棄，因爲這些故事裡存在的幽靈，必然會給孩子們的心靈造成陰影。但是這些人們虛構出來的人物，卻往往很難從人們的心靈中徹底抹去，然後就像是一塊塊迷信的陰影，讓他們的心靈對超自然能量產生某種偏見。通常來說，他們在成年之後，心靈會從原先的狀態中恢復過來，但是他們對現實的看法，還是不可避免地被那些虛構的東西所影響。此時，我們會將之前的那些思想稱爲幻覺，我們會說那些持有幻覺思想的人是失去理智的人。但是我們很容易忘記一點，那就是這些相同的幻覺，正是心靈尚處於發育階段的幼兒，從小所「食用」的精神食糧。可以肯定的是，若是我們能夠考慮到這樣做所帶來的後果，就必然會永遠地拒絕這樣的做法。

「但是，」我覺得你幾乎會用驚恐的口氣說，「要讓孩子們遠離那些流傳久遠的神話故事嗎？難道要讓孩子們的心靈，處於一片荒蕪的世界嗎？」

對於第一個問題，我的回答是直接而肯定的，沒錯。我希望消除這些所謂的神話故事、迷信，讓所有包含著錯誤思想的故事，都從孩子們的心靈世界裡徹底消失。

對於第二個問題，我的回答是否定的，我不希望孩子們的心靈，處於一片荒蕪的世界。我只是希望孩子們的心靈世界，能夠是眞善美的世界。這裡需要我們去找尋神話故事所帶來的驚奇，但美好的現實不正在我們的眼前嗎？我們有必要透過那些神話故事去教育孩子嗎？

可以說，自然界本身就是一個神奇的地方。綻放的花朵，歌唱的小鳥，我們腳下的小草，沉重的土地——這個世界的每一個地方都充滿了神奇、充滿了神秘，其不斷變換的景色，驅動著我們的想像力。

在眞理所聚集的地方，絕對不會出現任何荒漠。大自然所帶來的驚奇，不僅會讓我們嚮往，也會激發孩子們的好奇心，讓他們也想要去探尋大自然的神秘。要是我們不用過分驅趕的方式去教育孩子，他們就能夠在感受愉悅的思想當中，更好地進行學習與成長。

從一開始，我們就應該讓孩子們，感受這個世界存在的各種美好，讓他們能夠培養正常的心智。

我們要對孩子們的雙眼進行「訓練」，讓他們看到眞正存在的東西，我們要讓孩子們的耳朵，聽到那些能夠給他們帶來眞正觸動的東西。誰會懷疑這樣的訓練方法，不會讓孩子們擁有健全的心智呢？

當孩子們接受了這樣的訓練之後，他們就能夠更好地抵禦那些不眞實的幻覺，不讓自己的心靈世界，受到任何外在的污染。他們的心智，能夠擺脫外部事情所帶來的疑惑，能夠對事情擁有一種健康的懷疑主義態度，認爲每一件發生的事情，都是有其內在道理的，知道我們需要以「清晰冷靜的邏輯」，去對此進行分析。要是別人想要偷偷給這些孩子，灌輸一些幻覺性的思想，這種毫無意義的行爲本身，就是缺乏理智的表現。

至於孩子們在接受教育方面所遇到的問題，你要盡可能避免孩子出現早熟的情況，這個危險始終存在，永遠不要懷疑一點，當你這樣做的時候，其實就是在讓孩子的心靈結構，處於一種持續發展的穩定階段。爲了達到這個目標，孩子就需要與自己的同儕一起玩耍，這是極爲重要的。因此，公立學校能夠比家庭培訓帶來更多的優勢。孩子們能夠在教室裡，與其他許多正常的孩子們一起玩耍，這能夠幫助他們與其他小朋友建立起健康的關係，能夠防止他們養成以自我爲中心的危險傾向。

要想進一步防止孩子養成以自我爲中心的習慣，你還需要避免不明智或是無差別的獎勵，因爲這樣的行爲，無疑是對孩子的一種縱容。但是，那些渴盼得到讚美的心靈，卻可能因爲長期無法得到父母的認可與獎勵而倍感痛苦。在這裡，我們可以看到，給予孩子恰當的獎勵，這是讓他們感到快樂的重要方式。

你還需要持續地給孩子灌輸意志力的概念，從而讓他們培養眞正意義上的意志力。你要教會孩子控制自身情感的能力，絕對不能自欺欺人，認爲突然之間爆發自己的情感，就是「意志力」的表現。事實上，這樣的行爲展現的，是與意志力完全相反的東西。只有那些意志軟弱的人，才會想著用誇張的詞語去吹噓這些事情。

父母或是其他人，在培養孩子一些眞正的心靈品格方面，所表現出來的自欺欺人，的確讓人感到無比震驚。最近我看到了一位十六歲的女孩，她患有典型的神經過敏症——也就是歇斯底里症——她躺在床上幾個月了，她只會因爲身體偶爾的抽搐而吸引別人的注意。她曾說自己根本沒有能力站起來，但她看起來非常健康。事實上，她的身體檢查報告也證明她沒有任何問題。要是她擁有一丁點意志能量的話，她就能從床上起來，過上正常人的生活。但是，她的母親卻完全沒有意識到眞實的情況，她含著眼淚對我說：「唉，醫生，我可憐的女兒堅持到現在也不容易了。你看看她那麼努力地控制自己！要是她沒有強大的意志能量，可能根本無法堅持下去。」眞是慈母多敗兒啊！

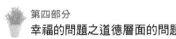

也許，在今天這個許多人患有神經疾病的時代，要是讓我對孩子的家庭教育方面再說幾句話，我覺得必須要防止孩子們養成「神經過敏」的傾向。

顯然，我們應該注意孩子的衛生狀況，關懷他們的身體發育情況。我們應該注意孩子的飲食，這其中就包括要爲他們提供富於營養的食物，限制他們吃過多含有糖分的食物，並防止他們過分挑食。還有，我們要防止孩子去碰任何具有刺激性的食物——比如茶葉、咖啡、香料等。如果我們付出了系統的努力，保證孩子能夠獲得充分的鍛煉，那麼他們就不容易患上神經過敏的症狀。因爲很多神經過敏的孩子都喜歡過分沉思，而不願意去玩遊戲。除此之外，我們要培養孩子良好的睡眠習慣，因爲失眠的情況是造成神經過敏的重要原因。

但是，對每個個體來說，這些事情在細節方面都會存在不同，因此我們應該多詢問家庭醫生的建議。事實上，對於神經過敏的孩子的教育，都應該在醫生的指導下完成。雖然這是比較常見的情況，但我們還是應該讓孩子在比較自由的環境下成長，讓他們擁有健康的身體。

換言之，我們需要付出持續的努力，才能夠讓神經過敏的孩子，逐漸成爲正常的孩子，讓他們的心智處於一種正常的狀態。在此我需要提醒一點，那就是我們不應該過早地進行這方面的努力。在孩子還小的時候，他們的心智之網處於編織的狀態，因此我們所做的一些行爲帶來的後果，是永遠都無法消除的。我可以舉出一個例子。如果三歲左右的孩子的心智受到了什麼損傷，這樣的影響會持續一生，影響到他這輩子感受幸福的能力。毋庸置疑，每個孩子的心智都具有相似的特性，他們都能夠指出生活中哪些是好的、哪些是壞的。在他們小的時候，我們很難意識到他們也具有有意識的個性。

孩子那雙具有觀察能力的雙眼，能夠幫助他們感受看到的每個細節，他們靈敏的耳朵能夠聽到每一種聲音，他們的心智能夠產生想法，能夠對別人說的話進行解讀。有意識的記憶，無法讓成年人回想起那段時光，但在記憶的深處，這些難以磨滅的記憶是存在的。一個人在五十歲時所具有的品格，其實與他在小時候受到的影響是分不開的。遺傳的因素以及早期受到的教育，都會成爲他們心智建立的基礎，不管這些記憶因爲日後的經歷而變得多麼模糊，但這些記憶卻是始終存在的。當我對此進行反思的時候，審視孩子從父母那裡得到的不好的心靈印象，我爲人類能夠如現在這樣不斷前進感到萬分慶倖。

另外，我們也絕對不能忘記，即便是最糟糕的家庭，也要比沒有家庭更好一些——這樣的家庭，也要比諸如孤兒福利院等社會機構更好一些。即便是最爲自私的人，在對待自己孩子的時候，都會展現出驚人的利他主義情感。如果他們這樣的努力出現了方向性的錯誤，損害了孩子的利益，他們至少也會說自己的出發點是好的。與此同時，旁人在看到爲人父母的做出自我犧牲的程度時，都會對人性充滿信心。我們現在有這麼多資源，完全可以相信假以時日，一般的父母都能夠用更加充滿理性與愛意的方式去教育孩子。毋庸置疑，這樣的理性，能夠讓父母與孩子都感受到快樂，同時也有助於人類的進步。

第十五章　如何獲得幸福

在世上，追隨別人的思想是相對容易的，在孤獨的時候，過著自己的生活是容易的。但那些偉大之人即便是在喧囂的人群裡，依然能夠保持著孤獨時的獨立狀態，保持著個人的美好品質。

——愛默生

智者不會犯下罪孽，這並不是因爲他們對死刑的恐懼才不敢這樣做，而是因爲他們渴望追求正義與善良的心願與責任。

——佩雷格里諾斯

如何獲得幸福呢？你們可能會說，我之前的每個章節，都是在談論有關這個問題的各個方面。沒錯。但是，因爲每一個章節，都是在談論某些具體方面的內容，所以我們還沒有進入許多輔助性的思想管道，還有很多方面沒有進行充分的探討。我們只能就其中一些方面的內容，進行大概的闡述，因爲若是展開談論的話，將花費大量篇幅。

當然，還有一些領域超出了我們之前談論的範圍，這些都是我們絕對不能忽視的。無論對於男人還是女人來說，單純成爲一名具有良好記憶力、且善於觀察的人是不夠的，我們還應該進行清晰的思考，保持良好的身體狀況，關注自身的衛生情況，才能夠在商業上取得成功，擁有幸福的婚姻生活，組建家庭，養育幾個健康的孩子——我要說，這些事情其實都不能保證我們一定就能獲得幸福，雖然實現這些目標，能夠爲我們過上幸福的生活，打下牢固的基礎。

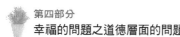

打個比方，假設一個人實現了上面所說的這些目標，但隨著時間的流逝，他在商業層面的成功，可能無法帶給他想要的幸福感。假設他感覺自己長期沿著一個錯誤的方向前進，並且已經前進了太久，以致根本無法再回頭，這會讓他產生要重新活一次的念頭。可以肯定的是，源於成功的愉悅情感，會因此而蒙上一層陰影，因爲過往徒勞無功的遺憾所帶來的痛苦，會消除掉這些愉悅的情感。

假設，那些身體健康且事業有成的人，發現自己幾乎沒有了志同道合的朋友，找不到能夠眞切感受自己內心想法的人，那麼他過往對人生所持的態度，就會讓他成為一個心生不滿的悲觀主義者，這會讓他不願意努力去培養自己的美德，不願意爲造福鄰居付出任何努力。這樣的一個人，雖然他可能擁有生活中許多美好的東西，但是他卻無法享受它們所帶來的愉悅感。他無法將自己的雙手放在幸福的按鍵上，雖然他有足夠的金錢，去購買許多奢華的商品。他只能夠獲得空洞的外表，卻依然缺乏內在的愉悅。

在絕大多數情況下，眞正幸福的內在實質，都是由一些朦朧的抽象概念所組成的——這些都是存在於我們腦海裡的思想，而不是我們所擁有的物質，這可能使我們得到別人的友情與認可。我們對家人的愛意，我們對自然、音樂或文學等方面的美感的一種感受——所有這些都是抽象的，但卻是我們所需要的。若是這個世界沒有了這些東西，那這就是一個野蠻與沒有人性的世界。即便按照幸福一詞的現代意義去進行解讀，我們也不可能感受到幸福。

因此，單純擁有身體上的健康以及正常的感官愉悅是不夠的。當然，這些可以起到它們應有的作用，而且這種作用也是相當重要的，但是它們並不能代表一切。即便是生理層面上的美感，也取決於心智更高層次的品質。愉悅的性情與憐憫心，能夠打造我們的精神，讓我們的心情變得更加放鬆，這是任何外在的環境都不能比擬的。因此，即便是每一種思想，都能在我們的臉上展現出來，但是我們所經歷的一切，也許只需要別人看一眼，就能夠展現出我們的人生。

在極端的情形下，我們可以看到一些傻瓜，或是完全失去理智的人，臉上那些空洞的表情，然後將之與那些商業巨擘或是哲學家，所表現出來的平靜表情進行對比，就會發現其實這二者是類似的。

當然，並不是任何人的臉上，都會戴上這樣明顯的面具，雖然絕大多數人的表情，都會記錄他們人生的多個方面。但是我們會發現，自己在善與惡之間的掙扎中出現了問題，然後就停頓在這裡了。若是別人看到了我們的面容，通常也能發現這是正確的。一些個人可能會做出錯誤的解讀，但是某人的朋友所給予的評價，幾乎都能夠正確地反映這個人的個性。

因此，我們就有必要去注意人生成功階段中，那些無形與抽象的東西，讓我們不再過度關注外部，或是商業活動中發生的一些事情。

首先最爲重要的是，這是關於個人氣質的問題——即個人成見的問題。這是一個重要的問題，這個問題能夠決定我們每個人的幸福本性，同時影響著我們感受幸福的能力。康福特說：「事實上，幸福就是有關自身看法或是思想的問題。這必須得到我們的重視，否則就是毫無價值的。」也就是說，這個世界上不存在沒有意識的幸福。如果你認爲自己不幸福，那麼你就是不幸福的。幸福的狀態究其本質來說是主觀的。所有外部的條件，似乎都對你非常有利，但是你個人的內心，卻有可能會感到非常痛苦。一些人可能天生就是排斥幸福的，他們的心靈態度，似乎總是處於一種排斥幸福的狀態。他們羨慕別人能夠獲得幸福，但他們卻始終沒有能力抓住幸福。

因此，你要努力培養自己良好的心靈態度，遠離那些悲觀的想法。你要培養自己的孩子養成積極樂觀的心態。你要努力記住生命中許多美好的祝福，忘記過往的悲傷。你要凡事往好的方面去看。你要培養這樣的信念，那就是這個世界總的來說還是非常美好的。對所有人來說，總會有一些沉悶無聊的日子，但是絕大多數不好的事情，都必然會讓我們得到一些補償。你要找尋這些美好的事情，不要因那些不好的事情而消沉。你要睜大雙眼，努力找尋烏雲背後的陽光。你將會驚訝地看到，當你付出最大努力去找尋幸福的時候，你就能改變自己的命運。

我認識一位母親，每當孩子遇到一些挫折的時候，她始終用相同的方法去教育他們。她告訴他們要說「茄子」。這種看似毫無意義的教育方法，會讓孩子們在哭泣或是皺眉時露出笑臉。很多成年人都可以利用這個方法，努力綻放出自己的笑容。當你感覺自己身心疲憊，爲生活的各種不如意感到煩惱，對這個世界充滿憤怒情緒的時候，你可以大聲說「茄子」。你要努力感受人生中愉悅的一面。你要努力爲自己製造一個微笑，正如當一名鬥士在遭受傷害之後，依然能夠微笑地看著這個世界。

這樣的行爲舉止——如果你願意，可以學習一下——能夠對你的心靈產生影響，讓你更好地提升個人的氣質。如果你在受傷的時候露出微笑，你的痛苦感覺會減少一些。展現出外在的堅強，能夠增強你內在的勇氣。勇氣本身就像是我們打開幸福之門的鑰匙。過去人們在談到約翰·蘇利文這位著名拳擊手的時候，就會這樣說，他在出拳之前，幾乎就已經贏了一半了。他所展現出來的自信，能夠讓每一位對手都感到膽寒。與此類似，喬治·伯特納這位戰無不勝的羽量級摔跤手，在與一位強大的競爭者進行比賽的時候，充分展現了強大的自信，只是微笑著重複：「哦，是的，你是個大塊頭，但我擊敗過比你強壯很多的對手。你們這些大塊頭沒有膽量，看我待會兒怎麼擊敗你。」這能輕易地讓他的對手喪氣。當然，強壯的肌肉與技能，給予了他強大的心理支撐。但是，這種勇氣本身就是一項無價的資本。如果你能夠用自信的神色，去面對這個世界的話，你就能發現自己的巨大力量，就能更加輕易地克服眼前所面對的挫折與障礙。

透過上面的例子，我希望讓你們知道，對身體的研究其實與對心靈的研究一樣重要——因爲這兩者是相互聯繫的。在這裡，一個神奇的詞語就是「行動」。那些心煩意亂的人，不可能透過說「我很高興」來完成內心的交流，我們需要採取一些實際的行動去完成這點。但是，倘若我們認眞思考愉悅的感覺，甚至是談論這樣的思想，這通常都會給我們帶來一些幫助。眞正的解決方法就是重新抖擻精神，換一個環境。你可以置身於一個沒人認識自己的地方，不去理會自己所遇到的問題。你可以透過全新的途徑去緩和內心的煩惱。你可以講一個幽默的故事，或是爲別人所說的故事而放聲大笑。

但是，這畢竟只是一種試探性的行爲。你必須要再深入一步。你必須要將樂觀的精神視爲一種心理態度。記住，眞正「殺死」人的不是工作，而是我們內心的憂慮。你必須要想盡一切辦法擺脫憂慮，只有這樣，你才能擺脫悲慘的生活狀態，防止自己出現未老先衰的情況。

但是，你該怎麼去做呢？

你要不斷努力去完善自己的品格——你要沿著公正、無私以及高尚的理想，去打造自己的氣質。但最爲重要的是，你要懂得如何培養自己的勇氣。可以肯定的是，勇氣在某種程度上，取決於我們的血液循環——取決於我們是否擁有一顆強大的心臟。所以，即便是生理層面上的不斷發展，也能夠幫助我們擁有這樣美好的心靈。但是，這不過是一個簡單的開始而已。我們需要知道，道德勇氣能夠超越身體層面的勇氣。很多人會將這樣一種道德勇氣，與虛張聲勢混淆在一起。毋庸置疑，道德上的勇氣在某種程度上，是一種遺傳下來的東西，但這卻能夠幫助我們實現巨大的發展。

一些人曾說過，勇氣源於我們之前所做的一些事情。這是從現實的角度，去看待這個問題的一種方法。格蘭特將軍曾對我們說過，當他第一次參加戰鬥的時候，他的內心是多麼恐懼與害怕。對於任何人來說，初次嘗試一樣東西的時候，都會出現這樣的怯場心理。但是如果你能夠以堅毅的臉龐去面對這些困難，即便你的心正在滴血，你依然能展現出巨大的勇氣，去克服這些暫時的障礙，你也就能夠懷著巨大的勇氣，消除未來道路上遇到的各種障礙。

這不僅能夠運用到現實生活中，我們遇到的一些障礙與挫折上，而且還能運用到我們每天所遇到的一些讓人煩惱的事情上。如果你從小就習慣了直面困難、勇敢地面對這一切，而不是想著去逃避，你就能夠知道如何培養自己的勇氣。在我們的人生裡，通常都會出現一些無法避免的考驗，正是因為這些考驗是無法避免的，所以絕大多數人都必須要懷著堅定的毅力去面對。即便是最爲軟弱的動物，若是被逼到了牆角，也會奮起反抗。即便是最爲懦弱的人，在被逼到無路可退的時候，也會內心毫無恐懼地進行反擊。那些最爲可悲的罪犯，即便知道自己要面對絞刑架，但他們依然沒有展現出任何的恐懼。

但是，這不過是一種堅定的行爲，不能代表勇氣。當然，這兩者也不是在絕對意義上存在著差異的。但眞正的勇敢，卻是一種相當罕見的品質，只有生活中一些更爲細微的考驗，才能證明這種勇敢品質的存在。我們可以在日常生活中的一些小事上，發現這種勇敢的品質，如果我們成功地在這些小事上，展現出了個人的氣質，我們就能夠在面對一些重大考驗的時候，充分展現自己的勇敢。在現實生活中，無論是成功還是失敗，都始終需要我們的勇氣不斷遭受考驗並得到發展。但若是我們沒有在培養勇氣方面，付出一定的努力，我們就會一心想著去追尋愉悅的感覺，因爲恐懼與憂慮始終都會影響我們人生的幸福，而勇氣則是我們每個人最想要找尋的解藥。

在我們不斷發展自我控制與自我依賴的品質後，我們就會發現，很多時候我們都是在自己找尋一些消極的東西，阻擋自己去感受幸福與快樂。因此，我們應該消除不安、焦慮或心靈的痛苦，從而感受到眞正意義上的幸福。但是我們也需要指出，迎合快樂並進而極大地提升每個人對幸福的感受，這也許是可以透過對審美或是情感本性的直接刺激來實現的。也許這樣的一種發展，需要我們以理智的方式去完成，而不是以歇斯底里的方式，去控制個人的熱情或多愁善感的思想。

正如對美的事物具有的鑒賞能力——美的感受——可以培養，人類也完全可以透過對自然現象的觀察，而產生最強烈的愉悅感受。我們可以發現，那些從來沒有接受過審美方面訓練的人，在面對眼前事物的時候，總是顯得那麼的無動於衷。那些接受過訓練的人，能夠將目光投向美麗的山川，然後讓自己的身心全部沉浸其中——會陷入一種沉思的狀態之中。他會忘記時間以及自己所處的地方，他不會就此進行任何形式上的自我主義的對比，因爲在這個時候，他已經忘掉了自己的個性。也就是說，他內心的一種非個人化的情感，已經將他牢牢控制住了。

與此類似的一種品格，其實就代表著一種情感的提升，這是很多心智接受過訓練的人，都能夠透過詩歌或靈魂音樂的旋律來感受到的。若是按照相同的分類，我們能夠發現這樣的情感，與我們的內心視野是一致的，而與自我的感覺沒有關係。這一切都與我們抽象的理智所關注的廣闊天地存在著聯繫。

對這種內心視野的培養，能夠讓一個具有藝術以及哲學氣質的人，感受一種超越身體局限的情感。因此，一個人有可能超脫日常生活中，一些不愉快事情帶來的不快樂情感，感受到一種平和的心態。我們獲得這種謙遜品格的程度，與我們的心靈行動的力量與集中度存在著聯繫。那些具有強大理智能力的人，在解決一些深刻的問題時，往往會忘記自己身邊發生的情況。他們會表現出一種「心不在焉」的狀態。正如那句話所說的，這是一種讓人覺得奇怪的悖論，因爲我們的心智似乎專注於其他事情，無法接受我們意識的控制。

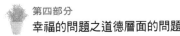

當哲學家接受了這樣的心靈訓練之後，這種強大的心靈需求，就像是我們人類對食物的需求一樣，能夠讓我們忘記之前有意識的自我。據說，牛頓在進行研究的時候，竟然徹底忘記了別人早已放在他面前的食物。笛卡爾在床邊坐了幾個小時，忘記了自己原本要上洗手間，因爲他的心智處於一種混沌的思考狀態。阿基米德在認眞思考問題的時候，完全沒有留意到走過來的士兵，即將要取走他的性命。

雖然，這種強烈的心靈活動，似乎能夠牢牢控制著當事人內心的所有情感，但我們也絕對不能忽視發生在他們身邊的一些事情。每一種具有創造性的心靈活動，都能夠給我們帶來一種內心的滿足感，而不勞力費神的內心活動，也是與良好的自我感覺聯繫在一起的，讓我們進入一種自我神迷的狀態。所以，我們天生就會面臨著很多悖論，但是這些遠離自我的想法，卻最終會將我們帶回到自我的世界裡：我們會想辦法透過培養客觀的思維方式，從而忘記自我的存在，這最終會幫助我們走向自我幸福的最高峰。

顯然，若是我們沿著審美或哲學的方向，去培養個人的心智，那就能夠直接影響到個人追尋幸福的機會，另外，我們也能夠抵抗許多疾病。我們可以非常清晰地看到，促進這樣的一種心靈與情感上的發展，能夠幫助我們實現這樣的目標，這也是智慧的一部分。我們要學會在一片風景裡看到心靈景象，讓這樣的心靈景象，能夠帶我們到任何地方。我們要努力地透過內在的雙眼，去觀察心靈的其他方面，不讓自己誤入一些可能會毫無結果的道路，讓我們無法找到，解決困擾了古希臘人所說的「存在」這個抽象問題的答案。

換言之，在某些時候，你要允許自己做一些白日夢，讓自己的思想能夠天馬行空地馳騁。

難道這與我在之前章節裡提到的，個人要始終腳踏實地的內容存在著矛盾嗎？其實，這並沒有眞正意義上的衝突。最爲現實的人，可能就是那些最著名的理想主義者。正如最優秀的人，通常都是最擅長以玩耍的態度去工作的人。歸根到底，理想主義與現實主義最後可能被濃縮爲相同的一個詞語，但這不過也就是相同一枚硬幣的兩個方面而已。

泰納在談到華茲華斯的時候，這樣說：「當我幾天幾夜躺在地上，看著天上的雲朵，感受著他所創作的《不朽頌》時，我發現自己喜歡上了這首詩歌。」評論家喜歡以誇張的口氣去說話，但我們卻能夠更好地瞭解，他們希望表達的眞正意思。每一個追尋幸福的人都應該找尋時間，「讓自己好好地躺一下，看一下天上的雲朵」，在這個時候，我們要懷著寬容世間萬物的心態，讓一切美好的情感，都進入我們的靈魂。我們需要讓自己記得，這是屬於假日的美好時光，忘記每天要去從事的工作。我們可以自信地相信，那些雲朵所形成的形狀，會變成我們想像中的景象，最終讓我們感受到一股全新的身體活力，以及全新的智慧樂趣。

就現在而言，我們需要努力鍛煉自己的身體，努力培養自己的心靈，讓自己的靈魂能夠瞭解藝術或是精神層面上的傾向性，讓我們更好地感受到宇宙的音樂，感受到一種關於人類精神的無限回饋。

從對自然的審美情感中所得到的樂趣，能夠超越一般人所感受到的情感，正如柏拉圖或是斯賓塞等人所感受到的智慧的樂趣，必然要遠遠超越那些石器時代的野蠻人，所能夠感受到的樂趣。

當我思考那些接受過這方面訓練的人，所表現出來的潛能時，我發現這樣的潛能，在很大程度上都是不會變成現實的。我回想起多年前自己聽到的一篇演說。那位演說者是已故的教授斯文戈，他的演說主題是關於心靈與精神教養方面所具有的潛能。他在演說結束時所說的話語，依然在我的耳畔迴蕩，彷彿就在昨日。

「攀登你的人生高峰，」他說話的口氣是那麼柔和且具有韻律感，卻又那麼清晰與明亮，「攀登你的人生高峰。當你到達了頂端，低頭看著沉睡的世界，你可以看到下面那散發著香氣的美麗花朵。」

所以，在我們對這位偉大的佈道演說家的話語進行解讀的時候，我要對你們說：如果你們想要充分感受到人生存在的樂趣，你們就需要攀登智慧、審美以及哲學層面上的高峰。在你們攀登的過程中，能夠呼吸到比山谷中更加清新的空氣。你們將會為自己的人生視野不斷得到拓展而感到激情迸發。當你懷著愉悅的心情，站在人生的某個高度上時，就會發現自己的內心，必然會懷著某種憐憫的情感。你能夠對之前認識的人充滿憐憫之心。你再也不會盲目地，找尋過去想要實現的、夢幻且不現實的目標了，你再也不會追求那些短暫易逝的歡愉了。你已經找到了更為深刻的人生視野，與更為持久的人生快樂了。

第十六章　如何面對死亡

好好地活著，等同於好好地死去。

——埃皮克提圖

我們完全有理由相信，死亡本身就是一件好事。

——蘇格拉底

無論是在生前還是死後，邪惡都對一個好人無可奈何。

——蘇格拉底

我們內心中的一個小孩，始終認爲死亡是某個妖怪，我們必須要說服這個小孩，讓他在與死亡一同進入黑暗的時候，不要感到恐懼。

——柏拉圖

所有的生命，最後都要迎接死亡的命運。這樣的結局，也是每個人都不得不去面對的，不管我們多麼不願意接受這樣的結局。這是所有的哲學家都必然會承認的，不管他們持怎樣的哲學觀念。無論你是否懷著愉悅的心情，去接受古代希伯來人所說的「吃喝玩樂」的信條，但你至少不能否認一個無法避免的事實眞相，那就是「你明天可能會死去」。生命中唯一能夠確定的一點，就是生命最後必然會結束。對所有人來說，死亡遲早都會降臨在每個人身上，這是每個人都要面臨的命運。

毋庸置疑，這樣的一種肯定性——無論對持有什麼信仰的人來說——都會讓他們感到無比驚恐。因爲他們不得不思考如何決定個人的行爲，從而在還有生命的時候，去做一些積極的事情。一些哲學思想認爲，死亡對某些人來說，可能是一個詛咒，但其他人則將死亡視爲一種自然的祝福。一些人將死亡視爲生命的結束，另一些人則將之視爲生命循環的全新開始。可以肯定的是，每個人最終都要面臨死亡的結局，至於死亡在什麼時候降臨，則是因人而異的。但如何面對死亡，這成爲了對每個人最終極的考驗。無論在任何時代，我們都很難在那些持有不同信仰的人當中，徹底根除死亡的陰影——因爲死亡就像是一個猙獰的幽靈那樣，始終覬覦著我們最親近的人的生命，這讓我們感受到無比沉重的痛苦。不管人們是否相信一些哲學思想，絕大多數人（培根的說法）都是「像孩子們恐懼黑暗那般恐懼死亡的」。只有少數人能眞誠地回應那些憤世嫉俗的詩人，對生命進行的無情控訴：

數一下你所知道的人生快樂，
數一下你擺脫了悲傷的日子，
你會知道，不管怎樣，
事情總是不如你想的那麼好。

可以肯定的是，事情不是這樣的。若是我們對絕大多數人進行觀察，就會發現，生命給他們帶來的快樂要遠遠多於傷痛。但死神的確是一種詛咒，而不是一種祝福。既然這樣，那我們該怎麼去做呢？我們的人生主題就是要追尋幸福，那麼我們該怎樣徹底消除悲傷呢？

這個問題的答案，可以在埃皮克提圖這一段富於遠見的話語中找到，「好好地活著，等同於好好地死去」。這段話看上去充滿著悖論，如果我們想要以快樂的心態去面對死亡，我們首先就必須要過上快樂的生活，只有這樣，對絕大多數人來說才是正確的。我們都知道，只有在人生能夠處於絕對圓滿，或是將能量全部釋放出來之後，瀕臨死亡的狀態，才能算得上是一種自然狀態，那麼更多人將更坦然地接受死亡的來臨。到那個時候，我們才會發現，死亡並不是一種詛咒，而是一種祝福。因此，當我們談論著以愉悅的心情去面對死亡的時候，我們並沒有用詞不當。

但不管怎麼說，只有當人生能夠隨著歲月的流逝逐漸變得圓滿，並且我們將人生的潛能全部釋放出來之後，才能說我們過上了充實的一生。好好地活著，就這句話的字面意思來說，暗示著我們必須要超越某種單純而直接的個人幸福，努力追求我們在之前章節所提到的內容。那些能夠懷著愉悅心情面對死亡的人會發現，自己身邊的那些朋友都會懷念著過去。這種哲學層面上的信條，支撐著我們去遺忘一些事情，讓我們能夠對人類心智中最深層的本能發起挑戰。正是每個人內心的自我主義精神，讓他們在活著的時候，希望得到他人的憐憫之情，並且希望自己在死後，依然能夠給別人留下永恆的記憶。其實，這不過是另一種展現自我矛盾的話語，因爲按照這樣的信條，每個人都有機會在與人打交道的時候，滿足個人的自我主義欲望。他必然要忘掉自我，才能夠更好被自己的朋友所銘記。

因此，我們現在的主題集中在一點，那就是幸福可能源於我們在與其他人交往時，所表現出來的憐憫之心，源於我們給予別人的幫助，而不是與別人產生的對抗。我們不得不考慮自己與別人的關係，而不是過分地站在別人的角度去思考自己。我們必須要反思一點，那就是你對別人的看法以及別人對你的看法，其實都不是太重要的。因爲按照我們現在所持的觀點，別人最終會發現，你已經在他們的人生中佔據了永恆的地位，而你對他們的觀點，則只能永遠地埋葬在墳墓裡了。

既然這樣，如果你想要贏得朋友的贊同或是他們永久的懷念，你在生前又應該對他們持怎樣的態度呢？當然，我只是面向一般人說的，那些具有創造性的天才，可以不管世人對他們的品格有怎樣的看法，依然能夠獲得屬於自己的名聲，這些少數人不在我們討論的範疇。

我要說，對一般人來說，如果你想要好好地活著、好好地死去，如果你想要感受到人世間最大的幸福、獲得最大的獎賞，那麼你在心底必須是一位樂觀主義者，對別人的需求，始終懷著溫柔的憐憫之心，照顧別人存在的一些缺陷。你必須要努力限制自己的個人主義傾向，同時注意自己該怎樣做，才能最大限度地給別人帶來一些幫助。如果你很強大，那麼你必須要憐憫他人，而不要以一種盛氣凌人的態度去對待別人，因爲你要想到一點，那就是你的個人能力的強大以及別人個人能力的弱小，可能只是因爲你們的出身，以及接受教育的不同所導致的，而這些東西都是你個人所無法控制的。因此，最爲醜惡且讓人鄙視的品質，就是持一種驕傲自大的態度，不要看不起那些身體或是心靈存在缺陷的人，因爲你們之間的差異，其實在祖先那一輩就已經決定了，這其實與你個人的能力沒有關係。

即便我們的優勢是透過接受教育、技能提升、勤奮或節約來實現的，這也不能成爲我們驕傲自大的原因，不管我們獲得了多少的自然優勢。畢竟，這些成就歸根到底，都不過是我們的祖先遺傳給我們的，這包括我們的身體與心靈層面上的品質。按照簡單的邏輯推理，我們應該對祖先遺傳下來的優秀品質心懷感激，因爲這可以幫助我們贏得人生這場競賽，而不應因爲自己實現了某些成就而沾沾自喜。

按照傳統的說法，每一代紳士的背後，都有數代人優良血統的傳遞。那些說自己是「自學成才」的人，不過是從自學成才一詞的狹義出發去做出評論的。因爲他的身上流淌著祖先遺傳下來的血統，並且經過了數代人的不斷優化。無論他前兩代的祖先存在著怎樣的缺陷，但經過遺傳的選擇之後，這都能夠讓他得到較爲優良的基因，從而幫助他取得現在的成就。

當然，這並不是說你的樂觀主義精神、你的利他主義精神，都只不過是一種感情脆弱的表現，讓你分不清矯揉造作與痛苦感傷的區別，讓你無法分辨出情感與多愁善感之間的區別。盲目且不理智的樂觀主義，若是與我們對事物的看法相聯繫，這才是最大的愚蠢。若是我們不分青紅皀白地，將一些仁慈的行爲施與所有人，這甚至要比愚蠢本身更加愚蠢。這是一種對社會的犯罪。但是，對那些眞正需要幫助的弱者給予幫助，這就是憐憫的做法，能夠讓我們懷著更爲善意的思想，伸出友善之手。這些都是維繫一個正常社區發展的本質要求。要是沒有強者對弱者的讓步，那我們現在所看到的人類文明根本不會出現。

但是，眞正造就我們當下這個主題的，並不是很多人的需求，而是我們個人對幸福的感受。你從夥伴那裡看到的會影響到你，你對他們表現出來的心靈態度，能夠透過他們對你的反應表現出來。悲觀主義者會覺得自己的鄰居是不友善的人，那可以肯定的是，他的鄰居也會做出這樣的回饋。樂觀主義者會發現鄰居身上友善的品質，他喜歡與他們接觸，即便他不是很喜歡這些人的個性。

悲觀主義者也很難從整個社區對他表現出來的反感情緒中掙脫出來，因爲這是大眾的觀點。一般來說，大眾對你的看法，基本上就是對你人生的一個正確看法。在林肯這句「你不能在所有時候欺騙所有人」中，我們可以看出這點。如果你所在社區裡的人，認爲你是個不友善的人，你可能就要吸取其中的教訓，改正自己的一些行爲方式。可以肯定的是，如果你不努力改變的話，你的名字將不會被後人所銘記。因爲你的後代也會傾向於，接受別人對你的一些認識，所以很難改變後代對你的一些看法。

在這個世界上，沒有什麼事比鄙視其他人所帶來的自我優越感，更加具有迷惑性的了，這樣的人，往往覺得自己能在死後留下好的名聲。歷史告訴我們，對於那些在生前未能留下過任何好名聲的人來說，要想在死後獲得好名聲是相當困難的。你的同齡人能夠客觀地讚揚你，而後人可能根本不會在意，你生前是否得到過別人的恭維。但是，如果你的同齡人都覺得，找不到任何讚揚你的地方，後人更無法找到你身上存在的任何價值。你留給後代人的遺產，可能會帶上你的名字，但這也無法改變你生前給別人留下的、有關你的品格的印象。

倘若這不是我們對其他人的善意的認同，那我們所談論的東西，就必然缺乏必要的關聯性，這也是人類心智中最深層與最普遍的特徵之一。任何正常人都不會希望別人，對自己有很糟糕的看法，絕大多數不好的人，都會努力地隱藏自己的失職，想辦法用一些看上去合理的東西掩蓋事實。悲觀主義者或是憤世嫉俗者的心靈，都變得十分堅硬，所以他們在面對這樣的嘲諷或是批評的時候，根本不會退縮。

如果這些嘲笑與譏諷，都起不到任何作用，那麼還有一種最致命的武器——鄙視。正如一句法國諺語所說的，鄙視能夠穿透烏龜殼。更爲重要的是，很多缺乏自我價值的人，都會認爲自己會受到別人的侮辱。無論他們在世人面前，表現出怎樣的姿態，我們可以肯定，他們必然知道自己的微不足道。他們對自己卑微的自我評價，會直接腐蝕他們的心靈。雖然他們臉上露出微笑，但他們知道自己其實是一個惡棍。因此，他們的笑聲無法給自己帶來快樂，而且因爲錯誤行爲而帶來的心理陰影，是他們始終都無法擺脫的。

但幸運的是，當我們做了好事之後，內心也不禁會感到無比愉悅。眞正的善行，即便是在其他人不知道的情況下完成的，都會讓我們的心靈感到無比愉悅，讓我們的臉上綻放出久違的眞誠笑容。簡單公正的行爲，若是能夠擺脫個人成見或是自我炫耀的話，這就足以讓我們的心靈，感受美好的祝福所帶來的溫暖感覺。任何一個孩子都能夠本能地意識到，無私的行爲所帶來的美好感覺，與自私行爲所帶來的不良感覺之間的區別。一個人無論年齡多大，或是心腸多麼冷漠，都能夠感受到這樣的不同。任何一個理智的人，都不會將自己正常的心智慧量，扭曲到分不清善惡的地步，不知道怎樣做才能讓自己感受到幸福、怎樣做才會讓自己感受到痛苦，不論他們在日常的工作中，做出了多麼糟糕的選擇。

伊壁鳩魯曾說：「公正之人能夠免於心靈的各種煩惱，但是不公正之人，卻始終無法享受到心靈的平靜。」這句話不僅在他所處的那個年代是正確的，在我們當下的這個時代，也同樣是正確的，雖然這其中相差了兩千多年。你要以公正的方式去對待自己身邊的人。其他的所有的箴言，其實都可以用這句話進行概括。

要想成爲一個公正的人，你必須要拋開個人的成見，讓自己遠離先入爲主的看法，這才能夠讓我們的心智，得到最大限度的獎賞。

要想成爲一個公正的人，你必須要從前輩那裡充分汲取教訓：瞭解個人的潛在優勢以及弱點，這意味著你需要具有憐憫之心，以及利他主義精神。

要想成爲一個公正的人，你必須要意識到自己的一些失當行爲，知道自己的品格中，存在的各種相互衝突的傾向，這將會讓你明白仁慈的內在含義。

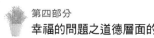

要想成爲一個公正的人，你必須要讓自己的思想與行爲，都變得誠實與正直起來。正如你充分遵照其他導師所給予的建議，你也絕對不能懷疑一點，那就是很多人都會受到相同的影響，從而做出相同的行爲。因此，你表現出來的誠實行爲，會讓你成爲一個樂觀主義者，能夠感受到人性中最美好的東西。與此同時，你表現出來的正直品質，也絕對不會讓你失去對其他人的尊重。別人會想辦法效仿你的行爲，他們也會努力培養公正的做事方法，努力增強自己的能力，最後讓整個社區的人，都能夠挖掘這樣的潛能，因爲他們能夠從你這個榜樣中汲取力量，所以他們會暫時忘記那些憤世嫉俗的哲學，所帶來的嚴厲的批判，並會選擇在樂觀主義精神中不斷成長。

如果你收穫了這樣的結果，你就能夠在這個世界上，取得巨大的成就。當然，要是你能夠在現實生活中取得同樣大的成功，那就是更好的事情了。但是，如果你能夠按照上面所說的方法，去打造個人的品格，那你是絕對不可能完全失敗的，你能夠以一種哲學般的安靜思想，去等待美好日子的到來。在這個過程中，你能夠拓展自己的人生視野，能夠重新感受到自己早年的人生夢想，在那個時候，這些夢想對你來說是那麼重要。時間的流逝，可能會讓我們忽視這些理想，老年的到來，可能會帶給我們無盡的感傷。

在清醒的時候，只有極少數人能夠懷著理智的心情，去面對進入老年之後所感受到的恐懼，此時的他們依然充滿著激情，依然對人生充滿著希望，即使他們的人生夢想依然沒有實現。他們覺得自己原本應該能夠將工作做的更好，而不是將時間浪費在一些毫無價值的恐懼當中。如果你在四十歲的時候，不能比你在三十歲的時候做的更好，那就說明你已經浪費了許多時間，錯過了很多非常有用的機會。因此，四十歲的人所懷有的遺憾就是，要是自己再年輕十歲就好了——我們經常可以聽到別人說出這樣的遺憾。當然，說出這樣的遺憾不僅是愚蠢的，而且意味著我們根本沒有實現自己原本的目標。無論對於二十歲的人還是五十歲的人來說，他們一天所擁有的時間都是一樣多的。今天都是他們目前所唯一擁有的時間，也是他們唯一能夠去使用的時間。對他們來說，明天可能永遠都不會到來。因此在不同的人生階段，存在著許多必然的確定性——每個人都絕對不能擔保必然會出現什麼事情。

然而，死神可能會在毫無預兆的時候出現，如意外、疾病等情況的突然出現，會帶走許多人的生命，讓很多原本年富力強的人，無法完成他們未竟的事業。我們必須要坦誠，這麼痛苦的事實，有時是很難去接受的。正如法國國王亨利四世身患重病，躺在病床上，對自己的大臣蘇利說：「我的朋友，我對死神一點都不恐懼。你在過往的數千種情況裡，都已經看到了我勇敢的表現。但我很後悔當初浪費了許多寶貴的時光，沒有更好地統治我的臣民，沒有減輕他們所承受的負擔，沒有向我的子民展現出我的愛意。」這位國王的行動與他的言語是一致的，因爲他眞的想要做出這樣的事，但他卻過早地被一位刺殺者奪走了生命。在這種情形下，如果死神是不可避免的，那麼我們只能在哲學的反思裡得到一些慰藉，那就是當某些人逝去之後，其他人能夠繼續他們的事業。

這樣的思想可以從歷史中得到證實，因爲很多尚未完成的事業，最後都是由後人幫助前人完成的，這是毋庸置疑的。當然，很多不得不完成這些工作的人，可能無法像之前那位熱衷於此的人那樣，感受到那麼多的滿足感。因爲暴力或是疾病所造成的死亡，無論是發生在一位具有才華的人身上，還是發生在其他人的身上，都不是一種自然現象，而是對世間規律發展的一種無情的打斷，因此，我們必然會認爲這對人類是一種不幸。

另外，我們也必須要記住，很多人認爲自己的工作尚未完成，而事實上，他們的有用資訊已經充分傳遞出去了。聖傑羅姆就告訴我們一個故事：「泰奧弗拉斯托斯在他一百零七歲的時候，對於自己即將死去而難過，因爲他剛剛明白應該怎樣活。」西塞羅也曾談到這個人，「當他躺在病床上，抱怨著自然賜給了麋鹿與烏鴉那麼長壽的生命，而長壽對這些動物來說是毫無意義的，但是自然卻賜給人類這麼短暫的生命，雖然人類是最應該擁有更長壽命的動物。因此，如果人類的壽命能夠大幅度延長的話，他們就能夠透過自身努力，更好地瞭解宇宙的知識，掌握所有的藝術與科學，使之變得更加完美。」

但實際情況是，泰奧弗拉斯托斯一百歲的時候，也不見得比他五十歲的時候，對如何活著有更清晰的認識。所以，假設某人擁有很長的壽命，如果他能夠始終保持個人的功能以及能量的釋放，保持年輕的活力，那這的確是讓人們嚮往的。但若是我們從生理的事實去觀察的話，就會發現，即便一個人的壽命超過了常規範圍，他多活的時間，其實也無法幫助他創造什麼更大的作爲。我們已經談到，亞歷山大・洪堡等人經常會說，這是一段「讓人們感到困惑的時光」，與此同時，很多著名人士在他們晚年時，都在傳播著一些相當消極的思想，給那些想要過上積極生活的人，帶來許多消極的影響。

關於年邁的我們，在離開這個世界的時候所感受到的悲傷，泰奧弗拉斯托斯——如果關於他做出的那段抱怨的描述是事實的話——無疑是一個絕對意義上的例外。絕大多數老年人，都不會像抓住救命稻草那樣，絕望地挽留自己的生命，因爲他們知道自己已經青春不再了，但他們依然能夠感受到生命所帶來的各種樂趣。正如西塞羅所說的，「那些覺得自己還能夠再活一年的老人，永遠都不會顯得太老」。

也許，不會有太多老人以積極的態度，去放棄這種假設存在的一年。但是，這最終還是取決於我們自己。在絕大多數的情況下，這都會帶給我們一些警告。當死神最終到來的時候，幾乎沒有幾個老人，會在精神上對此進行反抗。

雖然在很多人年輕的時候，因爲疾病或是其他方面的原因，過早地接觸了死神，但是他們也能夠有更好的知識與勇氣去面對死亡。據說，法國元帥莫蒙西朗公爵，曾因爲戰鬥中留下的傷口而深受折磨。科爾利德俱樂部成員勸告他要有耐心，順從上天的意志，他回答說：「啊，仁慈的天父，一個不辱人生成功度過八十載的人，在人生的最後時刻，不知道如何坦然地面對死亡，你能想像這種感受嗎？」他所展現出來的這種勇氣是值得讚揚的。

任何具有理性的人，都會遠離因爲暴力或疾病原因而走向死神的結局，他們都準備著用勇敢的心，去面對死神的到來。但是，這種逃避的心態，可能並不是出於一種對死神的恐懼，而是出於一種對痛苦的恐懼。在這裡，塞內加的一句話就能夠充分說明這點。他說：「死神本身是不會讓人感到恐懼的，但是死亡來臨的過程，卻是一種恐怖的體驗。」就一般的情況而言，正是我們等待死亡的過程而不是死亡本身，給我們帶來了最大的恐懼。當最後時刻降臨的時候，人們往往會進入到一種毫無意識的狀態。

即便即將要死的人，能將意識保留到最後（這樣的情況是相當罕見的），這與自然狀態相比，還是會讓人感到一定程度的痛苦。解剖學家威廉・亨特在他人生的最後時刻就曾說：「如果我的手能夠握住一支筆，我就能夠將死神降臨時候的那種舒適與美好的感覺寫出來。」他的這段話，不過是表明了人類在自然狀態下死亡的一種感受。對於絕大多數的人類來說，死亡本身被證明是一個毫無痛楚的過程，類似於人類在每天晚上睡覺時候的那種感覺。

因此，我們可以將接近死亡的過程比喻爲睡覺，這也是所有比喻中最常用的了。但顯而易見的是，我們最後也必然像我們的祖先那樣，無法逃脫死亡的結局。每個時代的詩人，都會吟誦這樣的詩詞，「死神以及他的兄弟在睡覺」。其實在史前時代，那時的人們還不知道什麼是詩人或哲學家，但他們也能夠發現死亡與睡眠之間，存在著的相似情形，然後在此基礎上建立迷信的哲學，之後哲學家一詞才慢慢出現。而接下來各個時代的思想家，則不斷地拓展與充實這樣的思想，滿足他們對不同思想體系發展的需求。我們也不能說，這種時代累積下來的智慧，能夠給這種相當原始的比喻，增添什麼重要的力量。但是，後來的人顯然要比遠古的野蠻人更加具有智慧——他們再也不會擔心「夢境會到來」，從而打擾他們在死亡之後面臨的漫漫長夜。

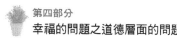

如果死亡只不過是一種「睡眠與徹底遺忘」的話，那麼對死亡表現出來的恐懼情感，就好比一個人有意識地恐懼自己會生病一樣，這是對理智的一種否定。正常人在一年中的三百六十五天裡，每天都是需要睡覺的，在一個正常人的人生中，他睡眠的次數超過了兩萬五千次。在成千上萬次的睡眠中，我們一般的睡眠時間都是七至八個小時。在這段睡眠時間裡，我們其實就是處於一種遺忘的狀態，睡眠者對外界發生的事情完全一無所知。我們的人生有三分之一的時間都投入到了睡眠之中，可以說，在這三分之一的時間裡，我們都是缺乏意識的——處於一種自我意識缺失的狀態，這其實與生命本身是存在對立的。要是某個人在早上起來的時間與平時不大一樣呢？要是他每天八個小時的意識缺失時間，延長為永恆了呢？

每個時代所推崇的哲學都表明一點，對於個人而言，這其實是沒有任何關係的。對每個人來說，這種長眠遲早都是要到來的。對他本人來說，他今晚睡覺之後明天起來，或是今晚入睡之後，再也無法醒來，這其實還是存在著差別的。要是他一睡不醒，那麼對他的朋友或是長期依賴於他的親人來說，這會帶來什麼呢？在這個世界上，又有哪個人是完全為自己而活的呢？一般人在晚上睡覺，都是為了充分恢復體力，從而能夠更好地勝任第二天的工作，透過努力工作，養活自己的家庭。難道我們要說，對於那些依賴於我們的親人來說，即便我們長睡不醒，這其實也是沒什麼關係的嗎？可能只有那些不切實際的哲學，才會做出這樣的回答吧。

對於人類這種社會動物來說，死亡的到來的確是很重要的——而且是極爲重要的。對於他身邊非常親近的人，對那些需要他給予精神以及心靈支援的人來說，他並不是單純的一個人，而是代表著一個社會機體構造。這樣的一個人，可能會出於理智的想法，逃避這種未老先死的想法。但是如果他們對死神表現出無所畏懼的話，這則是不理智的行爲。但若是換個角度來看的話，知道死神的「無情召喚」，其實對於緩解他們的恐懼與欲望是毫無幫助的，這是對他們理智的終極考驗，讓他們不要將時間，浪費在那些毫無意義的抱怨之上，而要盡最大的努力，去滿足那些依賴於他們的人，從而減少死亡給他們帶來的傷害，因爲最終誰都無法躲避死亡的降臨。

我不知道每個人具體是怎麼做的，但他們應該都會盡自己最大的努力，爲了他們親愛的人能在日後過得更好，能夠安然地入睡，能夠以平靜的態度，去接受他的死亡而奮鬥。他們當然不能冷靜地面對死亡，即便他們的心靈早已經知道，自己該以怎樣的方式去面對死亡了。

但是，無論你爲自己親愛的人，做了多麼充分的安排與準備，無論你的人生過得多麼豐富，無論你在進入毫無痛苦的長眠當中時多麼愉悅，但是你遠離了自己身邊的人，這始終會給他們帶來悲傷，任何哲學思想都無法爲我們提供安慰。這種悲傷的程度，在很大程度上與你做人的正直程度是成正比的。隨著時間的流逝，人們會在回憶你的美好的人生時，感到內心的安慰與美好，這能夠給他們帶來愉悅的美好回憶。有時，這樣的印象能夠深刻地烙在他們的心靈深處。正如卡利馬科斯給阿堪修斯的薩翁篆刻的碑文一樣：

他神聖地睡著了，
美德之人是不會死的。

附錄：對前面一些章節的補充內容

幸福與理智所具有的各種功能，體現在我們正當的欲望與富有美德的行爲之中。

——馬庫斯・奧勒留

1.該吃什麼食物這部分的內容，是對第二章「身體的需求」的補充。

在吃飯問題上，一般人都會有兩種不同的看法。一種看法就是人吃飯是爲了生活，另一種看法是人活著是爲了吃飯。一個人對吃飯這個問題的看法，會根據他所處階層的不同而有所變化。但總的來說，這樣的差異其實沒有想像中那麼大。因爲過分的暴飲暴食，會摧毀我們從食物中感受樂趣的能力，所以某些人若是能夠對食物表現出應有的節制，那他們還是能夠從美食中得到愉悅的。除此之外，這個世界上應該沒有人，會完全失去對食物的興趣。事實上，我們人類對食物的生理需求是如此的強烈，以至於在現實中，幾乎不會有人不喜歡吃美食，雖然有些人可能在心理層面上，哀歎這種事實的存在。

要想眞正瞭解這種始終存在的生理需求，瞭解食物攝入對我們身體機能的影響，我們必須要明白，人的身體就像是一台機器，我們需要熟悉保存能量的方法，才能夠更好地利用食物所帶來的好處。我們身體的每一種有自我意識的活動——即便是動一下手指等簡單的行爲——都必然伴隨著身體某些機能遭受破壞，當然這種破壞行爲之後釋放出來的能量，會透過各種複雜的化學方式傳遞出來。這種化學物質的轉變，若是以最通俗的話語去描述的話，就是我們身體能量的燃燒。氧氣在進入肺部之後，透過血紅素傳遞到身體的某些部位，產生的能量，部分以肌肉能量的形式釋放出來，部分以熱量的形式釋放出來。

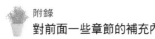

氧化的產物——也就是這種燃燒之後的殘餘物質——再也無法爲身體提供任何營養與能量。事實上，這些殘餘的東西不僅是毫無用處的，而且還會給人體帶來巨大的消極影響。如果這些有害的殘餘物質，在身體或血液裡不斷累積，就會變成有害的物質，很快地危害到我們的身體機能，摧毀我們的生命。某些人在患有腎臟疾病的時候，就會出現尿毒症的症狀，這就是一個最好的例子。

很多人都會有這樣熟悉的經驗，那就是人能夠在長時間沒有釋放肌肉能量的情況下，存活很長的時間。所以，按照這樣的理論，我們能夠無限制地減少沒必要的能量釋放（雖然從嚴格意義上講並不是無限制的，因爲心臟的肌肉、呼吸以及消化系統，都始終處於一種活躍的狀態）。而不管這樣的活動是多麼不活躍，身體的機能都是需要釋放能量的（除非人體始終處在某個溫度上，而這將會是人體無法承受的）。這樣的熱量必然可以透過能量的燃燒得到補充，否則身體的溫度就會很快降低，無法維持正常的體溫。

一個最爲顯著的生理事實就是，我們的體溫只能在一個很小範圍裡波動，否則就會影響我們的健康。無論白天與黑夜、夏天與冬天，人的體溫一般都不會與正常狀態下的體溫有超過一攝氏度的偏差。顯然，身體的內部要比表面皮膚的溫度更高一些，而血液的迅速流通，會很自然地保持這樣的平衡。即便是在我們因爲患上某些疾病而出現身體不適，人的體溫也不會出現很大的偏差。

當然，這說明了人的身體機，能能夠有效地排出一些熱量。人的皮膚和排汗系統，就是專門用於保持身體溫度平衡的。當身體的毛孔打開之後，排汗系統處於一種活躍狀態時，蒸發出去液體的過程，就能夠給我們的身體帶來降溫的作用。當我們身體的毛孔處於緊閉狀態時，身體排汗功能就會處於最低限度，身體的皮膚就會形成一道無形的屏障，阻止熱量的散失，從而維持身體熱量的平衡。但在天氣過熱的情況下，我們會發現身體釋放出了許多熱量，從而能夠很快將體溫降下來。

畢竟，這樣的生物學解釋，不過是用相對技術性的術語，去表達了一個熟悉的事實，那就是身體始終要靠食物維持。我們並不需要任何科學的分析，去明白這個基本的事實。但是，瞭解一些最爲基本的事實與現象，這始終是我們所感興趣的。對某個人們已經熟悉的現象的解釋，能夠讓我們發現一些不太熟悉的事實。

比方說，在這種情況下，我們最好要發揮自身的分辨力，更好地在兩種看似相互衝突的看法裡，得到更好的結果。如果我們想表達人類對食物欲望的需求，並且瞭解這種欲望的本性，就需要對此進行瞭解。爲了達到相同的目標，我們很有必要更進一步進行生物學層面的解釋，瞭解爲人類提供生命的物質的屬性。爲了實現這個目標，我們可能暫時需要忽視諸如氧氣等氣體對我們產生的影響。氧氣這種氣體進入我們的肺部，然後與我們體內的「萬能溶解劑」——水——結合起來，從而爲人體提供生存所需的物質。

若是我們將目光投向更加有形的物質，也就是一般人所談到的食物，那麼我們就會發現，食物的種類雖然多樣，但若是從化學成分去進行分類的話，可以分爲三大類：（1）蛋白質，（2）碳水化合物，（3）脂肪。

蛋白質，或者說蛋白質物質，含有氮元素，同時也含有氧、碳、氫及少量的各種其他元素。若是從化學角度看，最關鍵的是氮元素。蛋白質通常也會被說成是含氮食物。我們都非常熟悉這一類的食物，雞蛋與牛奶都富含蛋白質，還有穀類，特別是小扁豆、豌豆與大豆等食物，在這方面的營養更是非常豐富的。

之所以會有「碳水化合物」這個名稱，是因爲這一類的物質主要是由碳元素、氫元素以及氧元素組成的。糖與澱粉是典型的碳水化合物。

脂肪在物質組成成分方面，與碳水化合物是相似的。脂肪主要是由碳元素、氫元素以及氧元素組成的，並且不含氮元素。它在元素的組成成分方面，與碳水化合物存在區別，因此它們對我們身體的幫助也是不一樣的。

蛋白質能夠直接爲身體的肌肉提供能量，碳水化合物與脂肪也同樣能夠爲身體提供能量，而且很多能量都以脂肪的形式儲存在身體中，以便日後使用。

我們平常的飲食，必然要包括這三種類型的營養物質，這是一個再簡單不過的生物學事實了。因此，我們需要稍微瞭解每一種營養物質的主要化學成分。但是列舉這樣的事實，對於一般人來說其實沒有什麼意義。眞正重要的是，我們要知道數以百萬計的人，在生物與化學出現之前，都能夠很好地選擇飲食。因此我們可以說，正確的飲食習慣可以說是人類生存的本能，也是我們基於日常生活的經驗所總結出來的，並且最終會給我們帶來滿意的結果。

畢竟，只有現實的經驗才能夠成爲最終的衡量標準。但是，經驗主義其實也能夠與科學分析相互輔助、相互補充，以便讓我們得到最好的結果。否則我們就會陷入科學的教條主義，罔顧現實的一些基本的經驗。

若是我們能夠回顧一下科學史，就會發現我們的祖先，養成了雜食的飲食習慣。人類的牙齒與史前時代的祖先相比，並沒有發生多大的改變，顯然證明了人類本來就是一種雜食動物。這並不能證明今天的人類，就一定要在一頓飯裡，吃太多種類的食物，但這至少能給我們帶來一些啓示。

毋庸置疑，原始人在很大程度上都是靠天吃飯的。在熱帶或是亞熱帶地區，我們假設我們的原始祖先生活在這裡，他們會發現這裡的堅果與水果是相對豐富的，適合他們吃的食物相對較多，並且不需要他們付出太多的努力。鳥蛋或是爬行類動物的蛋，是他們能夠獲取到的，還有年幼的鳥類以及動物，都是他們能夠捕捉的，各種各樣的蝸牛以及其他大型的昆蟲，都成爲了他們的食物。當然，還有河裡的軟體動物以及魚類，也是他們能夠獲取的。所以，我們可以說原始人的飲食是相對多樣的。

當人類成爲聰明的捕食者與漁民之後，他們就會朝著高緯度地區前進。他們顯然會發現自己的飲食習慣，逐漸發生了一些改變，那就是他們所捕獲的獵物越來越多，改善了他們的蛋白質攝入水準。但若是從另一個角度去看的話，他們依然以農業生產為主，小麥與蔬菜逐漸成為了他們的食物，他們的食物變的更加均衡，因為這些食物能夠為他們提供相當充足的碳水化合物。

在人類文明歷史開始之前，這些原始人就已經成為了高效的放牧者以及農業專家，他們所馴養的動物包括牛、綿羊以及山羊。在那個時候，生活在地中海地區的人們，還不知道原雞這種動物，但是鴨子、鵝與豬都已經被馴化了。黑麥、大麥、燕麥、小麥以及稻穀已經開始被栽種了。還有相當一部分的蔬菜已經被培育了，並且受到了當時人們的喜歡。

但是，我們必須要記住一點，那就是生活在東半球的人們並沒有火雞吃，當時比較重要的是馬鈴薯。玉米還沒有成為人們日常享用的食物，玉米和火雞都是美洲大陸獨有的食物品種。在各種食物的推廣當中，最重要的要數馬鈴薯的推廣，這在十六至十七世紀對人類的飲食習慣，產生了極為重要的影響。馬鈴薯能夠給人們提供充分的澱粉，而且相對廉價，因此在很大程度上，改變了歐洲人原先的飲食習慣。在馬鈴薯推廣到歐洲之前，肉類是他們的主要食物。

至於糖類食物，這可以說是我們在日常生活中經常會吃到的。在古代，糖類食物幾乎只包括蜂蜜這種東西。希伯來語有這樣一句話，「一片到處都是牛奶與蜂蜜」的地方，這就說明了在古代人的心目中，蜂蜜所佔據的重要地位。在古希臘人看來，蜂蜜是最爲重要的商品。雅典附近的伊米托斯山上野生的百里香，能吸引很多蜜蜂，帶來一定的蜂蜜。在整個中世紀，蜂蜜都是糖類食物的一個重要原料。從甘蔗汁裡面提取糖分的方法，可以說是相對近代的時候才出現的——當然，這其中還有甜菜糖，正是這兩種植物提供的糖類成分，打開了世界糖類食物貿易的大門，不過這也已經是十九世紀晚期的事情了。

幾乎在過去的任何一個年代，蜂蜜的供應都是極爲有限的，當然，現代的糖類食品的交易是相對發達的，這也是過去任何一個時代都無法相比的。

我們無法找到關於這方面內容的精確資料，但我們驚訝地發現，相比於古代人所得到的極少量的蜂蜜，當代人能夠製造數百萬噸的糖類食物，這幾乎是過去的人們所不敢想像的。

我們可能會說，這些糖類食物對我們當代人的飲食習慣，產生了重要的影響（特別是美國人的飲食習慣），事實上情況也的確如此。可以說，人類成功地獲取了大量的糖類食物，這對於改善人類體質，起到了重要的作用，但至於這種作用的影響到底如何，我們尚且很難做出判斷。

與此同時，我們可以看到，飲食習慣的改變，會對整個人類的體質發展，產生重要的影響。這可能會增強人類的體魄。我們可以知道，現在一般的英國紳士階層的人，都已經穿不下中世紀英國人所穿的盔甲了。至於一般性的健康問題，我們可以從人的壽命上進行對比。我們可以發現，現在的人要比之前的人更加長壽。但是我們也必須要防止得出一個絕對性的結論，因爲我們現在透過研製出預防性的藥物以及改善衛生狀況，消除了一些疾病，從而大大提升了人類的健康狀況。比方說，這種改變的起源，並不在於我們的飲食習慣發生了變化，而在於詹納的發現，幫助我們消除了天花——這樣一種疾病，在我們的曾祖父那一輩人生活的時代，可能會讓人類十分之一的人口都成爲受害者。

這樣的事實時刻提醒著我們，在從歷史中汲取經驗教訓的時候，一定要避免陷入教條主義的陷阱當中。關於這方面研究所得出的唯一結論就是，我們祖先的飲食狀況，似乎是可以得到保障的，而且人類一般性的發展，似乎也是可以得到保證的，因爲我們能夠得到各種豐富的食物。現在的人們，再也不需要過分關注一些飲食方面的理論，但他們依然能夠茁壯成長。

毋庸置疑，每個時代都有一些對食物挑剔的人，他們都說人類要限制自身的飲食範圍。比方說，我們知道古希臘著名哲學家畢達哥拉斯，就曾推崇嚴格意義上的素食主義，他所處的時代是西元前六世紀，距離現在已經差不過兩千五百多年了。但幾乎沒有哪個文明的社區，願意大規模地執行這樣的飲食習慣。直到今天，很多提倡素食主義的人，都是在宣導這樣的一種理論而已，根本找不到一些能夠讓人們信服的證據。

幾乎沒有人會質疑一點，那就是人類是應該在餐桌上吃一些素食的——當然，我們在選擇素食的時候，是要做出一些甄別的，幫助身體補充一些恰當的營養。在人類歷史發展過程中，只有一些波利尼西亞人進行過這方面的嘗試，他們都是一些尚未開化的野蠻人，所以他們的行爲不能給我們提供什麼具有說服力的證據。

我們已經指出了一點，那就是崇尚素食的野蠻人，通常都是殘忍且無情的，而生活在北極圈附近的愛斯基摩人的飲食，則幾乎完全是以肉食爲主的，可他們卻是性情溫和的，並以和平的態度聞名世界。但是，氣候狀況的不同，顯然是決定人們性情的一個重要原因。因爲一些人生活在熱帶地區，另一些人則生活在寒帶——因此，我們顯然不能單純從一些表面上的事實，得出一個概括一切的結論。

2. 大腦與心智這部分的內容，是對第二部分「幸福的問題之心理層面的問題」的補充。

「我思故我在」。法國著名哲學家笛卡爾的這句話是相當經典的。乍一看，這句話所展現出來的縝密邏輯性，並不是那麼明顯。但若是我們能夠仔細思考這句話，就會發現這其中所包含的深刻內涵。當你充分地思考這句話的時候，就會發現，如果你沒有思考的話，幾乎無法證明自己之前存在過。要是我們沒有思考能力的話，我們也很難知道自身的存在或是其他事物的存在。若是沒有了思考能力，我們就像是木頭或是石頭那樣，缺乏任何的情感。

你們可能會說：「不管怎樣，我們依然會存在，正如木頭與石頭那樣存在著。」是的，沒錯，但是你無法證明自己之前曾經存在過。因此在某種程度上，笛卡爾的這句話，是我們每個人都需要接受的。

當我們充分感受到笛卡爾的這句話，所展現出來的自我主義品格之後，就會發現這樣一個事實，那就是這樣的思想，一開始會讓我們感到無比驚訝，但若是我們能夠對此進行深刻反思的話，就會發現這幾乎是一句眞理。我們每個人都知道，若是我們無法感知自己的心智活動，就幾乎不可能知道外部發生的任何事情。

當我談論人類心智的時候，我其實是指我從自身心智中所得到的推論。我絕對不可能直接瞭解你的心智，當然你也不可能直接瞭解我的心智。我們不可能看到或聽到或觸摸到一種思想，我們只能夠透過自身的心智去對此進行感受，但是我們不能以直接的方式，去感受除了自身之外其他人所表現出來的思想。

因此，從嚴格意義上來說，我們對其他人的想法都是推論的結果。大腦的細胞可以說是心智的核心部分，能夠對我們的身體肌肉發出各種指令，這也是我們與這個世界進行溝通的唯一方式。透過這樣的身體活動，我們能夠做出一系列的手勢、行動，這些都是需要透過我們的神經去完成的。若是將這些神經切除掉，我們是根本無法感受到任何外在的情感或是思想的。誠然，疾病有時會讓我們處於這樣的狀態，但是疾病的受害者必然要一動不動地躺著，沒有任何能力去表達自身的欲望。

但在一般的正常情況下，這些外在行為始終處於一種不停頓的運轉狀態，而我們的心智也是一刻不停地，與外在世界進行著交流。從行動、手勢、語言所具有的特點去看，我們透過交流媒介所表達出的話語，能夠為別人所感知。我們也能夠對別人所說的話進行一番推論，從而瞭解別人的觀點。要是我們每個人不能展現出我們是源於相同的種族的話，這樣的相似性幾乎是不可能出現的。如果我們不長期透過相同的象徵手法，去瞭解同一種思想，那我們也無法有效地進行溝通。但既然這是一個可能出現的情況，我們就必然要最大限度地，保證這些手勢、行為以及他人的體驗，都能夠將思想傳遞出去，從而進入我們彼此的心智中。

但是，這也不過是一種推論而已。當你與我都接觸這張桌子的時候，我可能會主動地想知道，你對這張桌子的看法。我能夠透過一系列的推論，去得出一個我認為合理的看法。可以說，我們的整個社會的基礎，都是建立在這樣的一種假設之上的。

若是沿著這樣的分析進行推理，一些哲學家就會得出一個結論，那就是只有心智才是存在的，其他一切都是不存在的。他們會說：「這個世界上並沒有所謂的物質，若是沒有了心智的感知能力，這個世界上將沒有什麼顏色，只有當我們的心智對這樣的顏色進行了分析之後，這樣的顏色才能爲我們所感知。與此類似，要是我們沒有聽覺，我們也無法聽到任何聲音。若是我們沒有嗅覺，也將無法聞到任何氣味。」這種理智的方法，存在著巨大的誘惑力，但卻缺乏一定的常識性，因此我們不需要盲從這樣的思想。心智的能量的確是非常強大的，甚至其本身都不需要拓展自身的潛力邊界。但若是換個角度去看的話，我們就必然會承認詩人們經常談到的一個事實，那就是：「這個世界上並沒有什麼好與壞，有的只是我們對此的看法。」

唯心主義哲學的對立面是唯物主義哲學，這種哲學的核心思想，就是這個世界上只有物質是存在的。我們很難用一句話，去充分將這種哲學理念表達出來——至少物質是至高無上的，所有我們已知的現象，都不過是物質相互作用的一種結果而已。「大腦能夠產生思想，正如肝臟能夠分泌出膽汁一樣」。這是卡巴尼斯所說的一句著名話語，很多物質主義者就是用這句話，去對抗過去的唯心主義學說的。

這樣的闡述必然會引起許多激烈的爭論，我們對此也不需要過分關心。在一些哲學思想流派裡，我們依然能夠看到或是聽到這樣的一種掙扎，任何一個謹慎的人都會承認，物質與思想的關係，以及物質相互作用的問題是終極的。另外，我們也必須要明白，心智獨立於大腦之外的這個問題，也是我們必須要關注的核心問題，因爲這是一個我們當下就需要解決的問題，並且需要我們以一種毫無爭議的方式去解決。在當今的時代，任何人都不會質疑一點，那就是大腦是一個眞實存在的有形心智器官，而這一器官所做出的恰當行爲，在很大程度上取決於我們的思想與情感的完整性。

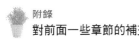

若是我們拋棄所有虛無縹緲的哲學暗示，接受這樣一種信念，就意味著我們對大腦的看法已超越了祖先。因爲我們的祖先認爲大腦的功能，就是讓血液的溫度降下來，而心智中樞則位於我們的心臟。現在我們都知道，雖然心臟能夠爲人體提供最爲重要的血液循環功能，但卻根本不能爲我們的心智，提供任何重要的指引。如果我們想要做出正確的思考，我們的大腦——而不是我們的心臟本身——就必須要做出正確的決定。任何對大腦的實體層面上的擾亂行爲，最後都必然會扭曲我們的心智。

所以，若是按照一般性的觀點去進行闡述，毋庸置疑，現在的每一位讀者，都已經知道了這樣的基本事實。但是，我假設還有很多讀者，對大腦解剖學方面的知識，存在著模糊的概念，他們認爲心智的活動，依賴於大腦的活動。因此，我們可能有必要提供關於心智活動方面的研究結果，從而簡略地談到與大腦相關的情況。這樣的一種研究，也許能夠讓我們更加輕易地瞭解心智活動本身的過程。

一開始，我們必須要明白一點，那就是大腦其實是所有神經節集合的地方，這樣的一種集合，可以在相對高級的動物身上發現——也就是說，在脊椎動物身上，我們都能夠發現這樣的情況。即便是在最低等的脊椎動物身上，神經節的集合也能夠形成脊髓，從而讓前端稍微出現增大，形成恰當的大腦容量。當有機體的體形增大時，這種脊髓的前端擴張，就會變得越來越明顯（與此相伴的是，動物會變得越來越聰明）。人類，作爲萬物之靈長，雖然並不擁有體積最大的大腦，但除了鯨魚與大象的大腦之外，人腦在體積上是最大的。

大腦的核心結構是細小的細胞與纖維，這些纖維將微小的細胞與身體組織連接起來。這些最重要的細胞，在體積上都是最爲微小的，在每立方釐米的區域中，聚集著數以百萬計這樣微小的細胞。我們在此並不需要去思考這些細胞是如何運轉的。但我們需要非常明確地知道，這些細胞的確是一刻不停地處於運轉的狀態。連接細胞的纖維在身體的邊緣運轉，這就變成了我們與外部世界進行接觸的身體組織。我們可能會認爲，這些纖維就像類似於電線的東西，能夠將外部世界傳遞出來的資訊，傳遞到大腦細胞裡。如果我們身體的任何部分，與外部的物體產生了接觸，就能立即感受到這個物體的表面是柔軟的還是堅硬的，也會立即知道這個物體是溫暖的還是冰冷的，知道它是粗糙的還是光滑的。我們似乎能夠在瞬間知道這些事情，但事實上，我們只能透過指尖去感受，將這樣的感受傳遞到大腦的細胞裡，然後這些細胞就會對此進行解析。在這個解析的過程中，我們的心智才會出現。

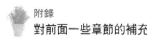

對於我們透過其他特殊器官，從外部感覺到的所有印象來說，情況依然如此。我們的眼睛並不是眞的看到了事物，我們的耳朵並不是眞的聽到了聲音，我們的舌頭並不是眞的品嚐到了味道，我們的鼻子並不是眞的嗅到了什麼氣味，每一種器官從外部所接受的印象，都首先需要傳遞到我們的大腦細胞，然後我們的大腦細胞才會對這些印象進行分類，讓我們的心智對此有一個清晰的判斷。感覺系統的器官，就像電話一樣具有資訊傳輸的功能。神經纖維就像是電話線。大腦細胞就是內在的傳送器，在這背後則是我們的心智，它讓我們成爲一個有感知能力的人，可以透過身體複雜的器官，去感受從外部世界所接收的印象。身體每一部分的器官，都必須要處於良好的運轉狀態，否則這樣的資訊，將無法充分進入到我們的心智世界裡。或者說，當我們的心智慧力遭到扭曲之後，我們便不能完全接收這樣的資訊。

要想讓這樣的對比變得更加完整，我們必須要知道，大腦細胞從外界接收資訊的行爲，是始終透過身體複雜的纖維系統來完成的，這能夠讓資訊從一個細胞傳遞到另一個細胞，而不是單純局限於大腦本身。因此，我們從一個資訊源裡接收到的資訊，相比於從另一個資訊源裡接收到的資訊，通常會處於一種被壓制的狀態。這樣的對比，通常能夠幫助我們，更好地對外部的各種資訊，進行正確的解析。我們透過這些纖維與細胞的作用，就能夠將大腦的資訊，傳遞到身體的各部分。當然，這是透過身體邊緣的外在纖維來完成的——從而讓我們的身體肌肉出現收縮的情況，讓我們的心智能夠迅速做出各種滿足身體需求的行爲。

因此，這就構成心智物理結構中的一個子結構。這樣的身體組織，必然能夠發揮其自身的功能，讓我們有趣的思考過程受到其影響。但是，在我們強調了心智與身體的獨立性之後，我們可以暫時回到之前提到的一個觀點，重新證實一點，那就是大腦以及支撐著大腦的身體，其實起到的作用不是很大，只有當它們與心智聯繫在一起之後，才能將其重要性展現出來。

比方說，身體層面上的美感，只有在我們的心智對此進行解析之後，才能夠帶來一些積極的影響，否則就是毫無意義的。因爲美感能夠給具有心智慧力的人以及其他人，帶來一種愉悅的感受。

身體層面上的軟弱，都會以直接或間接的方式，影響到當事人對幸福的感受能力。我再次重複一下，身體與大腦的狀況本身並不是很重要，因爲最爲重要的是心智所做出來的行爲，這本身就能夠讓我們知道，自身處於一種積極還是消極的狀態，我們從而也就能知道，自身是否處於一種幸福的狀態。

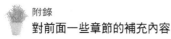

3. 對年齡的考驗這部分的內容，是對第十章「年輕與年老的對比」的補充內容。

我在此希望指出，我們最好用小時作爲單位，去衡量一個人的年齡，而不是用年作爲單位。我還記得曾聽到一個很年輕的人，對一位用鄙視態度看待他的評論家進行反駁，因爲這位評論家說：「年齡大的人會知道的更多。」

這位只有二十五歲的年輕人反駁說：「但是，我親愛的先生，我其實已經比你還『老』了。」

「胡說八道。」評論家回答說，「我今年四十三歲了，你還不到三十歲呢。」

「四十三歲嗎？」

「當然是四十三歲了。」

「但是，知道多少跟我們多少歲有什麼關係呢？那邊的一棵樹可能已經百歲了，但我絕對不會說，那棵樹比你知道的更多。若是用年作爲單位去衡量一個人的生命，這就好比用蒲式耳去衡量鑽石。你肯定不會用那樣的單位去衡量鑽石的。當然，你也不會用盎司或是顆粒。你會用克拉去衡量鑽石的重量，這是一個極小的單位。同理，一個人的生命也絕對不應該用年月日去衡量，而應該用分鐘甚至是秒去衡量。若你能好好地度過每一秒，你就能好好地度過自己的每一年。因此我們還可以用小時作爲單位去衡量生命。若是用小時來衡量生命的話，我要比你活的更長。」

「接著說吧。」評論家用懷疑的口氣說。

「嗯，首先我要問你，一天晚上睡多少個小時？」

「我晚上十點鐘睡覺，早上八點鐘起來。」

「很好。我每天晚上十一點睡覺，早上五點鐘起來。所以，你睡了十個小時，我睡了六個小時，我每天要比你多活四個小時。現在我要問你，你每天要花費多少長時間在吃飯上呢？」

「大約是三個小時。」

「我一天的吃飯時間不超過一個小時。所以我又比你多活了兩個小時。你一天耗費在遊戲上的時間是多久呢？我注意到你每天都在打撞球與玩紙牌。」

「是的。我每個晚上都要玩一兩種遊戲，一般都要玩兩個小時。」

「你玩遊戲的時間，我都用來學習知識。因此我又比你多活了兩個小時。我並不是說你玩遊戲的時間是完全荒廢的。也許這樣的娛樂活動有助於你的健康。但我並不需要這樣的消遣活動。你沒有利用晚上的時間去學習知識，沒有增添你的知識，提高你的人生效率。換言之，你一天投入到工作或學習上的時間只有九個小時了，而我在這方面的時間是十七個小時，我每天所用的時間，幾乎是你的兩倍多。」

「因此我覺得，假設我們的大腦能量都是相差無幾的，而且在工作的時候也有同等效率的話，那麼只要稍微進行一下數學計算，我們就能知道我其實比你還年長。因爲我的心智發展要比你的更加健全，比你掌握更多的知識，對人生的看法也要比你更加成熟。我的證明完畢。」

然後，他微笑地給出了結論：「你可能眞的要比我更具有智慧。因爲你的大腦，可能天生就要比我的更加聰明。你也許在十分鐘內學習到的知識，要比我一個小時學習到的知識都多。但是，請不要將智慧與單純的年齡聯繫在一起。因爲你也可以看到，單純就年齡來看的話，我是處於劣勢的。」

我還記得，當我第一次聽到這個故事的時候，內心是相當震撼的。當時年輕的我，當然傾向於認爲人生是要以小時作爲單位去計算的，雖然我現在並不會覺得，那位年輕人的思想邏輯是無懈可擊的。但是我必須要承認，我們在餐桌上花費的一個小時，與我們在學習知識時花費的一個小時，是不可以按照相同的標準，在時間的帳目上進行計算的。但在我們計算整個人生的時候，依然會發現那些被有效利用的時間，能夠給我們帶來許多的美好，這些都是我認爲更加有價值的時光。

畢竟，這樣的闡述，能讓我們以更加鮮明的方式，說明這樣熟悉的事實，那就是單純的年齡，不能作爲衡量任何一個人的智慧或是心靈狀態的標準。在日常生活裡，我們能夠看到一些人雖然年輕，但是能夠充分利用每一個小時，他們依然能夠很快地實現心理層面上的成熟，而很多人雖然年齡較大，卻一事無成。所以我們經常可以看到，很多自滿且無知的人，都喜歡用年齡或是資歷去壓制別人。

此外，我們也很難否認一點，那就是一般人在經歷了人生的一些階段之後，必然會對人生有更爲深刻的瞭解。當然，我的意思是，我們能夠更好地使用我們的感覺器官，更好地對這個世界進行瞭解。誠然，這樣的階段，並不單純存在於一般人的人生之中。那些天才人物也能夠同樣展現出他們的成長與改變。諸如拉斐爾與貝拉斯奎茲等畫家，以及像歌德這樣的作家都是如此。

我們已經列舉了許多例子，證明一個人即便在將近八十歲的時候，依然能夠擁有旺盛的精力，這些例子都是眞實的，在某種程度上，一些人在將近百歲的時候，依然能夠保持一定程度的人生活力。然而我們也必須要明白一點，那就是很多年過六旬的人，幾乎都會表現出不同程度的人生疲態。正如像愛默生這樣的天才，都會說出「歲月不饒人」這樣的話語。

那麼，顯然我們用文字呈現出來的畫面也有相反的一面。但是我必須要指出一點，那些始終都在不斷進取的人其實是例外，而不是大多數。我們可以進一步承認一個事實，那就是即便最具進取心的人，都必然會陷入一個進步與倒退的循環。當然，絕對意義上的停滯不前是不存在的，我們只能假設，每個人的身體機能，都在人生的每個時刻裡，出現進步或是倒退的情況。在每個男人或是女人的人生裡，他們必然會在某個時刻，處於心智的最佳狀態，即他們的身心都處於人生的頂峰。在這些時刻之外，他們可能會遭遇長時間的疲憊。正如我之前所指出的那樣，在現實生活中，沒有任何一個人能夠具體地說出這些時刻。

若是考慮到心智與身體之間，已知的相互獨立的關係，我們首先就會想到，一個人是否處於心智頂峰，必然取決於個人的心理機能的狀態。但是，倘若我們進一步進行審視的話，就會發現這樣的判斷，其實存在著嚴重的缺陷。人類的智慧取決於人的大腦，這些都是進化過程最新的產物，而身體肌肉系統的充分發展，則屬於我們人類早期進化的結果。因此，遺傳的法則在每個人身上得到展現，這是極爲正常的。那些冠軍級別的運動員，都是在二十來歲的時候處於運動生涯的巔峰，最多能夠將狀態延續到他們四十歲左右的時候。一般來說，在三十五歲的時候，他們就已經過了肌肉活力最充沛的年齡了，他們的肌肉系統的充沛活力，最多還能維持十年左右。

與此同時，人的身體機能能夠進入我們所說的「大腦新紀元」模式：身體的肌肉在我們年輕的時候處於最佳狀態，現在輪到大腦產生威力了。當然大腦的狀態達到一個巔峰值也是需要過程的，這就是我想要表達的觀點，因爲對於一般的男女而言，大腦功能不斷提升的過程也許是很長的，而大腦功能下滑的過程也是相對緩慢的。

4. 遺傳的內容這部分的內容，是對第十三章「人生的伴侶」和第十四章「未來的一代」的補充內容。

在我們這個時代，科學的關鍵字變成了遺傳。現在，大家都在談論著關於遺傳的問題。當我們看到一位失敗的人時，不禁會搖搖頭說：「哦，這個人的問題來自遺傳，他身體裡流淌的血液能夠說明一切。」我們也已經習慣了用這樣的觀點去衡量別人，正如店員用這樣的目光衡量他們的衣服一樣。要是我們對這樣的科學方法，還存在任何疑問的話，那麼具有科學精神的人，可以過來給予我們一些幫助。

他們會說：「是的，你說的沒錯。你對此所持的看法，完全符合遺傳學的原則。我們在表述的時候，可能會存在一些不同，但是意思基本上一致。我們平時所說的『物以類聚』其實就是這個意思。這樣的原則，適用於世界上任何具有生命的物種。比方說，我們可以注意那些不同種類的細菌。而當你使用顯微鏡進行觀察的時候，就會發現細胞是會分裂的，一個細胞會分裂成爲兩個細胞。這個過程幾乎以一種無窮無盡的方式進行著。在恰當的狀態下，這些細胞會分裂成爲無數個，但是，每一個細胞都與之前的那個細胞完全一樣。霍亂弧菌的細胞，永遠都不可能分裂成爲導致肺病的細胞，也不可能分裂成爲白喉桿菌的細胞。每一個細胞分裂都只會分裂成爲同一種類的細胞，正如『物以類聚』這句話所說的那樣。這是一個簡單且毋庸置疑的事實。」

難怪，這樣一個相對簡單、眞實且讓人們信服的論點，被證明是極具吸引力的。幾乎所有的普遍性法則都是如此。但是我們絕對不能忘記一點，那就是一個看似簡單的原則，可能會在現實的應用中變得非常複雜，我們現在就面臨著這樣的問題。誠然，如果我們想要睿智地將遺傳的法則，運用到人類這樣的高等生物身上，必然會遇到一些問題。人類父母並不是完全彼此相像的，因此，子女也必然不會與他們的父母完全一樣。因此，遺傳的理論其實還是存在著一些變數的，但是過往的經驗能夠證明，後代在某種程度上，依然具有他們父母身上的一些特點。既然這樣，那麼什麼才是遺傳的原則呢？若是從身份認同方面出發，我們並不能完全證明「物以類聚」這個原理的存在，如果說「這種相似的屬性」，只是用來傳遞某種一般的相似性，那麼這樣的原則可能就過分模糊了，根本無法在現實生活中得到運用。

事實上，這裡根本不存在任何的模糊。這種看似模糊的情況的部分原因，是遺傳的複雜性，部分原因是我們對遺傳的誤解。我們可以從這樣的事實裡找到解釋，那就是遺傳並不僅僅指代際之間的傳遞。

若是從廣泛的意義上說，我們經常會談到肺病、精神失常或心臟疾病都是遺傳病。嚴格意義上來說，這樣的表述是不可靠的。肺部、大腦和心臟的先天缺陷或易感性——這些器官患病的傾向——也許是遺傳的，並非是後天的。因此，傾向性一詞就是我們解決這些問題的重點。兩位父母可能都擁有著完全不同的身體特徵，但他們卻都能夠將各自的一些基因，遺傳到下一代身上，雖然有些時候這樣的傾向，是讓人感到煩惱的。

機體不可能同時表現出兩種傾向的特徵，但是它潛在的傾向特徵卻數目眾多、形式不同。體內某種病態的傾向，始終都會希望佔據上風。若是在外界的幫助之下，這樣的病態傾向可能在某個時候，屈服於另一個處於主導地位的傾向。若是沒有處在這麼有利的情況下，這樣的狀態可能就無法保持一種平衡了。這類病態傾向可能根本無法展現出來。但是，這樣的傾向卻能將一種隱形的能量，傳遞到後代身上。

舉個例子：如果父親擁有黑色的眼睛，母親擁有藍色的眼睛，顯然，他們都不可能同時將遺傳基因傳送到他們的孩子身上。但是，其中一個可以將黑色眼睛的基因遺傳下去，另一個可以將藍色眼睛的基因遺傳下去。然後按照某種遺傳基因的傾向性，決定孩子是擁有黑色還是藍色的眼睛。假設黑色眼睛的遺傳傾向要更加強大，那麼他們的孩子可能就會擁有黑色的眼睛。但是，藍色眼睛的基因並沒有完全消失，而是在這一代人中沒有顯現出來而已，這可能會在隔代遺傳中展現出來。

但這並不代表著完全的事實。一種遺傳傾向可能處於休眠狀態，也許根本沒有被別人察覺到，但這樣的隱性基因卻並未完全消失，有可能在百年之後的後代裡展現出來。無論是對心靈、道德還是生理層面來說，都是如此。簡而言之，我們所觀察到的事實，似乎能夠證明這個結論，即我們的身體似乎永遠都無法眞正地消除曾經獲得的遺傳傾向，而是將這樣的傾向儲存起來了。如果有可能的話，這樣的遺傳傾向會一代代地儲存下去，等待著在合適的時機展現出來。只有透過這樣的推理，我們才能解釋很多前幾代人所遺傳下來的基因。這也是達爾文所說的「隔代遺傳」。

顯然，如果我們想要單純從父母的角度，對孩子的遺傳傾向進行研究，這會讓我們走進很大的誤區。但我們很難找尋一些祖父或曾祖父進行研究。隔代遺傳有時會追溯到之前幾代人的基因。但是，如果我們眞的能夠對之前的祖先進行研究，我們必然會對這樣的事實感到目瞪口呆。你可以看到原來自己身上，積累著八位曾祖父母的基因。

儘管如此，我們還是會發現，很多祖先都不可避免地給我們帶來了一些遺傳的影響。在上溯到第十代的時候，他們的數量可能在一千左右，在消除一兩個不重要的人之後，可能就會得出這個整數。但若是上溯到第二十代的時候，這可能就是一百萬人了。而如果我們回到第十二代或第十三代那個時候，只需要對此稍微進行分析，就能夠發現與自己存在著遺傳關係的人已經數量可觀了。

因此，若是按照這樣的角度去進行分析的話，我們與別人肯定都是兄弟姐妹的關係。因此，那些考古學家在談到每個人的祖先時，都可以上溯到十七世紀的時候，他們的說法是正確的。但他們也存在著一些謬誤，可以上溯的時間其實遠遠不止十七世紀。可以說，無論是十七世紀、十八世紀還是十九世紀，這樣的宗譜其實並不能爲某些新貴正名。

在很多人嘲笑的背後，存在著一個影響極爲深遠的事實。若是我們以一種批判的眼光去看待的話，就會發現我們的計算，其實並沒有將近親婚姻的內容計算在內。因此，這樣的事實可能還是缺乏嚴謹的精確度，因爲我們的很多祖先，都是以近親結婚的方式去生育後代的。當然，這種近親結婚的現象，在古代的貴族或是那些沒有幾個兄弟姐妹的家族裡，發生的概率會更大一些。因此我們可以說，古代的很多國王以及他們的血統，都是透過近親婚姻的方式延續下來的。

當然，一些貴族會看不起平民百姓，因爲他們覺得這些平民百姓，根本就沒有任何顯赫的祖先。當然，他們的意思是，這些平民百姓並不知道他們祖先的名字。但是，難道這些貴族就知道自己祖先的名字嗎？約翰・鐘斯爵士就曾大聲地炫耀自己的血統，因爲他知道鐘斯家族的血統源於何處，他知道自己上溯十代的祖先。所以，他對那些不知道自己曾曾祖父的生平記錄的人，持一種鄙視的態度。

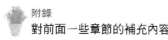

即便鐘斯知道他的祖先的名字以及生平記錄，但向前追溯四代人，難道不會發現一些人不是以鐘斯爲姓氏的嗎？我當然不敢貿然做出這樣的推定。但如果這樣的情況是存在的，那麼他又怎麼能夠吹噓，自己知道之前十代人的歷史呢？難道就因爲其中一個人是以鐘斯作爲姓氏嗎？但在一千零二十四人裡，其他一千零二十三人難道都是與此毫不相關的嗎？生在過去的這位鐘斯先祖，可能的確是一個很偉大的人，但他也不過是具有千分之一的遺傳影響而已。

幸運的是，約翰爵士根本不知道這樣的事實，所以他的心靈能夠保持一種平和的狀態，因爲他的先祖很有可能就是一群普通人，散落在全球各個地方。因此，那些可憐的平民的祖先中，可能也有人是諸侯或奴隸，但是他們都已經被歷史所完全遺忘了。

但是，無論是國王還是諸侯，這些其實都已經不是我們所要討論的問題了。唯一重要的就是曾經有這麼多祖先存在過。而他們也當然時刻準備著，在我們進行最爲簡單的計算時出現。過去的人在近親結婚時，做出了最大的「讓步」，這樣的行爲讓祖先的人數減少了一半，但我們依然要追溯很多人，才能對每個人的祖先的過去有一定的瞭解。而隔代遺傳的法則，則證明了這些祖先身上的某種特定的傾向，可能在長時間的消隱之後，突然在某一代人身上出現。因此，我們祖先身上的很多特徵，就有可能重新呈現出來——雖然這個過程中，會出現很多融合與改變——但無論是對平民百姓還是對貴族來說，遺傳傾向造就了今天的你我他。

這是一個可怕的想法吧？這麼多可憐的普通人，都會被疑惑以及不確定的思想所影響，被各種相互矛盾的願望以及相互衝突的激情所困擾。難怪始終如一的行爲是我們最難去找尋的。難怪我們很難在極爲複雜的人生過程中，持續地保持理性的想法。「物以類聚」這樣的想法，因此不再是一種看上去那麼簡單的原則。

所以，若是我們用圖表的方式去看待的話，就會發現每一個人，都代表著遺傳金字塔的頂端，金字塔的底部，正是我們的許多祖先，而每一個橫截面則代表著每個祖先的所處的時代以及個人的狀況。既然這樣，爲什麼相同的原則還會適用於這樣的情況，而每個人的「頂端」的狀況都是不大一樣的呢？這種「物以類聚」的原則，又怎樣解釋相同的祖先，繁衍出具有多樣化特徵的後代呢？我們可以說，遺傳在沒有任何外在作用的影響下，可以對這個問題給予一個回答。這是因爲近親結婚生育的後代，沒有讓遺傳基因顯示特徵。換言之，這是因爲近親結婚無法讓優良的遺傳基因充分展現出來。

當然，這個回答是不充分的，但卻能夠解釋很多現象。在我們找尋其他原因之前，首先請認眞審視這個答案。

如果所有人都是從同一個祖先那裡誕生出來的，所有的婚姻都必然在某種程度上算是近親結婚。但是，這樣的程度，與兄弟姐妹之間的近親結婚有著巨大的區別。這樣的情況在古代是合法的，即表兄妹之間是可以結婚的，但這樣的做法爲現代文明所禁止。

乍一看，我們還不是很明白，近親結婚對生育後代方面所產生的嚴重的不良影響。但只要我們稍微對此進行一番思考，就能清楚地瞭解其中的原因。第一，近親結婚會嚴重限制後代的遺傳多樣性。若一個人的父母是表親，那麼他們只有六個曾祖父母，而不是正常情況下的八個曾祖父母。我們不需要做進一步的計算，就可以知道這樣的遺傳基因的選擇，已經人爲地縮減了四分之一了，這本身就是一個嚴重的問題。第二，某些遭到限制的傾向，可能會以這樣的方式不斷累積起來，這會帶來嚴重的後果。這些傾向可能會讓血緣非常近的兩位曾祖父母的遺傳影響爆發出來，因此對後代的影響是非常大的。

近親生育出來的後代，可能會遇到這樣的情況：第一，他們沒有其他孩子的多樣化的遺傳傾向。第二，他們的身體會存在很多不正常的遺傳傾向，這是因爲某些遺傳影響透過近親結婚不斷累積起來。現實生活中的觀察，完全支持這樣的理論。當我們運用這樣的原則時，就會發現近親繁殖的家畜，都會表現出這樣的傾向。

因此，我要說，這是遺傳本身給予每個人不同狀態以及傾向的唯一回答。這個回答並不充分，因爲，要想特徵明顯，很顯然要近親結婚，而我們都知道這種結合在哪裡都是例外。即便是野蠻人，都不會在同一個部落裡選擇伴侶，而是會到其他部落那裡找尋伴侶。雖然我們這樣的結論是合理的，但我們會發現這其中還是存在著一個漏洞，那就是無法解釋基因本身，是否能夠在不知不覺的情況下發生改變。從某些方面來說，這樣的更改與添加，要比原先的遺傳影響更加重要。

讓我們以更具批判性的眼光，去看待這個問題。我們已經假設，每個人都從他們所有的祖先身上，遺傳了一些基因。如果是這樣的話，那麼人類的所有特徵，都來自我們之前所提到的一切古人，且這些傾向可能會再次出現在每一個後代身上並得到優化。這種遺傳傾向本身，是源於上溯的第六代曾祖父母還是第八代曾祖父母，其實並不是很重要。然而，我們知道近親結婚產生的後果確實不同。

此時，我們遇到了另一個絆腳石。這樣的解釋並不是想要找尋什麼，雖然其中的部分解釋內容是在遺傳範圍之外的。我們已經說過了，世界上每個人的身上，都存在著他們祖先的遺傳影響。這樣的說法當然是正確且適用於所有人的。但若是我們說同一種遺傳特徵，並不會來自同一個祖先的話，那這就是一種錯誤的說法了。但是，遺傳的說法並不能充分解釋每個人的個性，因爲在他長大成人之後，所有祖先傳遞下來的遺傳傾向，加上某些後天培養的品質，都會產生一定的影響。我們相信，這些我們後天所掌握到的品質，雖然可能不會被很多生物學家所認同，但這樣的品質的確會傳遞到後代身上。這就好比我們的每個祖先，都在他們的一生中獲得了一些品質，然後一代代地傳遞下來。我們需要記住，這樣「添加」的東西，並不一定就代表著一種提升。有時候，這樣的「添加」，反而給後代帶來了嚴重的不良影響。

不僅這些全新的遺傳傾向，可能一代代地傳遞下去，而且過去的遺傳傾向，也可以讓我們得到全新的價值。某些人可能在一定的環境下得到了一些東西，這讓他們比前一代的人更加具有優勢，當然，其他方面的遺傳傾向，則可能被隱藏在不那麼明顯的位置。

因此，我們需要去考慮這種環境帶來的全新因素。這是一種可以引入到每一種生物等式中的變數，而且這樣的變數都有一個恒定的屬性，這就是所謂的遺傳傾向。我們無法要求世界上任何兩個生物，都存在一樣的特性，世界上也沒有任何兩個人的個性是完全一樣的。因此，個人與種族的多樣性，就可以被視爲有機生物體的一種特徵，這首先是透過環境表現出來的，而不是透過遺傳。

現在，我們知道爲什麼有六位曾祖父母與有八位曾祖父母之間存在差別了，另外兩位多出來的祖先能夠帶來某些遺傳傾向，這些遺傳傾向，是在這兩位祖先的特別基因序列中發展而來的，因此，這些傾向不同於有著不同祖先的後代，在不同世代表現出來的傾向。從最早共同祖先那裡繼承來的、久遠或根本的遺傳傾向，總體來說是一樣的。不同之處在於並非根本、但十分重要的特別演進的基因序列。

我們可以看到，除了這些額外的遺傳傾向，我們也不能完全將某人所具備的特徵，視爲是某種遺傳層面上的東西，而忽視了環境所產生的影響。誠然，如果我們能夠將這樣的分析，按照相同的方式進行回溯，就會發現這涉及遙遠的祖先，以及他們身上所展現出來的一些最本質的傾向。我們就會發現，這些相同的論述能夠產生相同的力量。只不過時間久遠了一些，當時那些我們現在稱之爲根本特徵的東西，正處於發展階段。我們也會傾向於相信一點，即這些事物從本質上來說，都是環境力量的一種產物，然後作用於那些能夠做出回饋的物種身上。事實上，我們對生命及思維所瞭解的一切，就是對我們所處的環境的一種反應。

按照這樣的觀點，絕大多數人會說，遺傳就像是一個類似於容器的東西，裝載著我們的遺傳傾向，從而讓這些傾向，能夠得到較爲安全的保護。這些遺傳傾向可能不會產生任何特徵，但這就像是造物主精心保護的東西，因爲任何一種傾向只有在我們獲得之後，才會從這個容器中消失。

因此，遺傳的過程，其實就是這些遺傳傾向的保存以及傳遞。這種過程能夠展現出絕對意義上的公正。我們可以發現，每個人所具有的相同品質——無論是沉睡的、次要的，還是顯性或相對隱形的，都能夠在後代的身上得到展現。遺傳特徵的使命，就是能夠在某一代人中得到展現，因此，這必然會給環境——這一遺傳傾向的重要塑造者——留下巨大的改變空間。

這種環境所具有的力量，現在遭到很多人的嚴厲攻擊。但是，環境的力量同樣也是有其限制的。身體與心智某些方面的特徵，會透過持續的重複而變得根深蒂固。因此，這絕對不可能在某一代人身上，就完全得以消除。我們祖先的所有遺傳傾向，都是按照這些方向去發展的。環境所具有的改變性能量，主要表現在那些全新的遺傳傾向上，只能在最近幾代人身上得到展現，從而與那些根深蒂固的遺傳傾向，形成鮮明的對比。

儘管如此，原始的遺傳傾向並沒有完全超脫出環境的限制，因爲沒有一個人單純受到遺傳因素的影響。我們就以人的身高作爲例子吧。這種遺傳的傾向，可能在幾英寸的誤差範圍內出現，其中一些祖先可能只有四英尺高，其他一些祖先則可能接近七英尺。但是，一般人的身高都在五至六英尺。在這個範圍之內，一般的環境因素可能會產生一些影響。嬰兒、孩子以及少年等時期的營養狀況、是否患上某種疾病，這些都會決定某個個體的身高情況。因爲在一般的環境狀態下，不同種族的人的身高，都是各自維持在一個平均水準上的。比方說，巴塔哥尼亞人和愛斯基摩人就是如此。

適用於身高方面的遺傳因素，同樣適用於我們的心靈與道德層面。但是，關於身高、身體、心靈或道德層面上的事實，對於某個具體的人來說，都是具有一定限制範圍的，對於他們的後代來說，這個限制範圍並不是完全固定的。當然，每個人都可以在某種程度上改變這樣的傾向，但卻無法完全消除。這些傳承下來的遺傳傾向，能夠讓我們對不斷變化的環境做出反應，讓每一代人都能夠有不同的想法。

從過去的人那裡繼承來的通常特徵，只能說明一種恒久不變的狀態，一代代人類受制於最初始時的特徵條件。比方說，愛斯基摩人就因為世世代代都缺乏一些營養物質而身材普遍不高。但毋庸置疑的是，隔代遺傳法則依然有可能在他們身上出現。在不同的氣候條件下，他們的後代可能重新擁有過去魁梧的身材。

即便在某些狀態下，這些情況是存在的。但環境本身無法根本改變我們的身體、心靈或道德層面上的性質，只能是程度上的改變。所以，上面所提到的這些概略性的東西，都是從一些遙遠的祖先那裡遺傳下來的，這對世界上的每個人來說都是一樣的。正是這樣的一種對每個人來說都是特殊的遺傳傾向，讓每個人變得如此與眾不同。

如果這對於不同種族的人來說是真實的，那麼這對於相同種族中存在的極端個例來說，也必然是真實的。因為這些人都是具有相對可變性的，這才是每個種族存在著不同之處的原因。高加索人與愛斯基摩人，在一百萬年前有共同的祖先。而農莊園主與他們手下最低等的僕人，可能在幾個世紀之前，也有著相同的祖先。他們不僅在基本的遺傳傾向上，存在著許多方面的相同，而且在一些具體而特殊的傾向上也是一樣的。我們熟悉的傳統故事中的一些內容，顯然是基於這樣的事實的，乞丐的孩子與國王的孩子被從小調換的故事，就能夠清楚地證明這點。

我們還需要進一步的證據去進行證明，只要我們回顧日常的生活經驗，就能夠分析出具有極端代表意義的特徵，是能夠為每個個人所擁有的。最為重要的是，人們能夠在每一個社會層級裡面，找到共同的道德屬性。

為什麼會這樣呢？

因為這樣的一般屬性，已經深深烙刻在我們的祖先身上。當然，每個具體的細節可能是千差萬別的。比方說，一些人長出了蓬亂鬍子，穿著破爛的衣服，別人則穿著時尚的服裝，梳理著整齊的頭髮。這樣的差異，其實都是由於近幾代人所處的環境差異導致的，但更為重要的特徵其實都是類似的。瑪麗・安的追求者都是透過拳擊比賽，來決定誰才能夠得到她最終的愛意的。而追求普利里拉的人，則是透過諷刺或是巧辯的方式去進行「決鬥」的。但是無論採取哪一種方式，其原則都是一樣的。鮑艾里的英雄可能是透過拳頭去擊敗惡棍的，至少能夠展現出他們身體層面上的力量。而百老匯的英雄，則能夠透過更為微妙且富於智慧的方式展示力量。但在這些例子裡面，最為重要的事情，就是這些英雄都取得了最後的勝利。他們可能雙手插在口袋裡，大搖大擺地走著，也可能是用最為有趣的鮑艾里舞臺上的口音咒罵著，但是他們所表達出來的哀婉之情，卻能夠為更具有情趣的人所欣賞，當然，他們的勇氣可能會變成一種自我吹噓，但在觀眾智慧的雙眼中，他們正一步步地成為理想中高尚且讓人激動的英雄，即便是那些最為挑剔的觀眾，也可能會對此表達自己的欣賞之情。

爲什麼會這樣呢？

因爲我們在舞臺上，都是想要找尋最爲理想的人物故事，而相同的理想情形，可能都是從我們遙遠的祖先那裡所感受到的。

事實上，我們到處都可以見到這種遺傳所帶來的相似性，這也能夠幫助我們解釋很多現象，而不是單純將目光集中於遺傳過程中，所展現出來的差異性。因爲這樣的差異性，在很大程度上是環境的產物。更爲眞實的是，這一切都是屬於自然的計畫，讓我們能夠更加方便地使用目的論的觀點，避免走向各種極端，盡可能地讓我們在遺傳的幫助之下，成爲一個快樂的人。這就好比我們用同等的情感，去面對每一種傾向，讓我們能夠更好地面對自己，勇敢地接受遺傳傾向所帶來的一切。要想實現這個目標，我們可以採取最爲簡單且最有效的方法。這就是我們經常所說的「異性相吸」。我們都清楚，這意味著一個人被另一個異性吸引，因爲這個異性身上具有的主導傾向，剛好對應了這個人的從屬傾向。但是，這樣一種被壓制的傾向，可能在下一代人身上得到明顯的展現。換言之，這意味著隔代遺傳得到了實現。

按照現實的情形，我們需要注意到高個子男性，通常會被小個子女性所吸引，金色頭髮的男性，會被淺黑色頭髮的女性所吸引，天才則會被一些平庸之人所吸引。按照我們的日常經驗可知，即便是最爲具有美德的年輕女性，也通常會被男性身上所展現出來的、與此相反的道德準則所吸引，而那些最邪惡的人，可能會找尋最具美德的女性。因此，若是按照嚴格的社會類型進行分類，我們需要努力去將這樣的傾向平衡化，這樣的遺傳平衡始終都受到環境的影響。

若是從更大範圍去看的話，一種類似的努力，可以透過平衡各種階層去得到展現。對於每個在某一方面進行特殊發展的人來說，他們可能會因爲近親婚姻，而讓自己處於一種不良的生存環境當中，給自己製造許多問題。事實上，他們身上所展現出來的無能，始終都是與一些極端的發展形成對比的。我們注意到某些種類的動物在進化之後，能夠在某種特定的環境下迅速成長（這與近親婚姻形成對比）。現在我們進一步注意到，在很多剛出生的馴化動物身上，這樣的情況就更加明顯了。只有當它們始終處於這樣一種人爲製造的環境當中，而人類不斷地阻擋它們透過隔代遺傳回到原先的狀態，我們才有可能馴化成功。如果我們重新讓這些已被馴化的動物生活在大自然中，它們可能很快就會回歸到之前的狀態——放歸的野馬就是這方面的例子。

當然，這一切不過是透過生存的奮鬥以及自然選擇進行簡單的解釋而已。在相似的情形下，完全相同的事情，會出現在人類的家庭之中。關於這方面，最好的例子就是有關王朝時代的例子。王朝一般是由某個擁有罕見且強大遺傳基因的人創建起來的，這些人都能夠在一個讓人萎靡不振的環境之中，始終堅持他們的傳統，依然選擇近親結婚這樣一種生育方式。在幾代之後，他們的後代都出現了各種無法避免的嚴重生理問題。這些後代通常會在某些方面顯得毫無作爲，或顯得精神失常，根本沒有進行統治的能力。但是，家族強大分支的支撐或某些外來者的加入，使王朝逐漸扭轉了這樣一種不斷走向衰敗的循環。

若是從一個範圍更小的角度去看，這種相同的循環，對於那些置身於社會上層的人來說，也是屢見不鮮的。這樣的逐漸衰敗，以及通常所見的「最古老以及最好的家庭」，都與一個全新家庭的出現，存在著相伴的關係，這也幾乎是每個人都會經歷的事情。但是無論在任何地方，我們都能夠看到相同的故事：這首先是因爲環境所帶來的影響，然後透過遺傳——特別是隔代遺傳——充分展現出來，從而讓一個種族的發展出現一種穩定性。因此，那些對自然持激進主義態度與保守主義態度的人，都支持這種觀點。其中一種態度能夠保證我們取得成功，而另一種態度則能夠防止這樣的進化過程，出現巨大的變化，從而摧毀我們人類。

也許，若是從另一種觀點去看的話，我們都是天生的犯罪者，因爲我們都從遙遠的祖先那裡，繼承下來一些遺傳傾向，可我們的祖先在那個時候，能夠完全遵照個人的意志生活，不需要遵照現代人的文明準則。孩子在瞬間發怒的時候，就會用力打傷母親的臉，他們展現出來的這樣一種情感，其實與封建時代的人們，在面對敵人時候的那種情感類似。孩子對小動物所展現出來的殘忍，也許就是我們祖先過去追逐獵物所遺傳下來的吧。但是，這不過是複雜個性中的某個單一方面而已。同一位孩子在某個時候，可能會變得極爲殘暴，但在下一個時候則可能會跪下來，親吻自己的母親，眼中含著懺悔的淚水。有些男孩會產生拿起石頭，向一隻陌生的狗投過去的本能動機，但是他們在不幸砸中這隻狗之後，也不可避免地會產生悔恨或遺憾的心理。

這兩種情感是相互對立的，但它們都屬於「本能」。

我們只需要在一個小時內觀察一個年幼孩子的行爲，就會發現他的行爲，無法掩蓋他內心的情感，我們能夠對這些心智尚未成熟的人的內心，有一個較爲明晰的感受。當我們充分意識到一個事實，即如果這樣一種傾向，絕對不可能從我們的個性之中消除的話，那麼我們就會明白，這樣一種「完全好」或「完全壞」的輕率說法，其實沒有眞正的意義，因此很難適用於人類複雜的心靈世界。

當然，我們也必須要承認一點，那就是如果我們想要透過一種倫理道德，將人類的傾向劃分爲兩種，那麼每一個世俗之人，都能夠按照某個特定標準，去追求善與惡之間的平衡。

我認爲，我們中絕大多數人在這些方面，都存在著相似的情況。但按照遺傳的法則——或者說是隔代遺傳的法則——我們絕對不能說，任何一個來到這個世界上的人，都是那麼好或是那麼壞的。按照這樣的邏輯，我們可以得出一些讓人感到不安的推論，那就是任何一個人都不能完全無視誘惑，即便是最爲樂觀的人，也無法超越希望的限制範圍。

對我來說，這就是關於遺傳的重要教訓。

對這個教訓沒有深刻瞭解的人，必然會漠視其他人的未來。只有一個武斷的人，才會以遺傳之名，去否定孩子們所持有的一切希望，即便是對那些惡貫滿盈的罪犯來說，也是如此。即使是在貧窮與惡行當中，任何人也無法否認，人類依然擁有美好與天眞。若是我們對祖先進行觀察的話，就會對此感到非常驚訝，因爲我們已經透過讓自己的心智進行反思，瞭解到我們祖先中，哪些人是具有美德的，從而對這些事情有一個更加合理的見解。

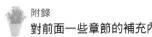

當然，對於那些心智尙處於發育階段的人來說，他們心中同時存在著一種積極傾向與不良的情感。在通常情況下，我們會發現很多邪惡的浪潮，都會朝著一個方向襲來，衝擊我們的心靈。但我們可以完全肯定一點，那就是必然還會有下一個浪潮襲向我們。

無論這些深層次的浪潮是否會到達表面，這個問題都並不是遺傳限制本身所決定的。很多人都認爲「血統說明一切」這句話是公正的，認爲這句話能夠將有關遺傳的一切內容都概括下來。但是，這裡所說的血統——到底是指純淨的血統，還是骯髒的血統呢？

遺傳本身並不能回答。這樣的決定取決於環境本身。

因此，所有社會改革的基本使命，又重新回到了事物的本質，那就是我們必須要打造一個，適合所有人生存的人類文明，從而讓我們的後代擁有更好的血統，而不是讓他們的身上流淌著骯髒的血統。

5.來自夢境的鬼魂這部分的內容，是對開篇提到的總結性觀點的拓展。

絕大多數人都習慣了將睡眠時間，視爲是心靈處於消極狀態的時間——在這段時間裡，我們的意識處於一種完全空白的狀態，或是處於一種相當不協調的狀態，讓各種不搭調的想法，按照它們自身的意志在活動。但是我們必須要知道，對心智進行研究的人會立即向我們指出，睡眠的狀態只與甦醒之後的狀態，存在著某種程度上的差異，而不是本質上的差異。這些評論家表示，不管是有意識還是無意識的心靈活動，都是完全自動的，並且受到遺傳以及環境（經驗）等因素的影響。心智則是自我欺騙的一個「替罪羊」，讓我們覺得它才是一連串思想的決定者。事實上，它只不過是旁觀者而已。

若是我們繼續這方面的討論，那就會讓我們偏離之前的軌道。但是每個人都可以發現，自己至少可以透過對自身夢境的片刻思考，得到一個富於建設性的回答。

畢竟，無論我們的夢境有多麼「詭異」，都會讓我們感到那是充滿現實感的，具有現實生活中的一切元素。這一連串的思想是多麼熟悉，這些思想跟我們在睡醒之後產生的思想是多麼類似啊！如果我們發現了某種不那麼熟悉的思想，那這可能就是我們按照某種熟悉的思想進行想像的產物。如果我們能夠看似做了這些我們從未做過、或現實中無法去做的事情，那至少這些事情是我們在清醒時曾經想像過的。事實上，我們在完全清醒之後，都能夠非常清楚地，記住夢境裡所產生的一連串邏輯思想，雖然這其中可能還涉及我們在生理層面上的行爲——比如突然翻身子。但是，這其實也並不單純局限於生理層面上。

最讓人感到詭異的夢境，其實也很難比我們在清醒時的某個瞬間、閃過我們腦海的一連串思想，更加讓人感到詭異。

其中一個比較突出的對比就是，雖然我們知道有些白日夢，可能只是某個瞬間的感覺，而夢境在消失的時候，反而能夠讓我們感覺到它是眞實存在的。如果在我們甦醒的時候，心智的雙眼能夠讓我們看到以爲失去已久的朋友，或已經離開人世很久的朋友站在我們身旁，我們其實就是在腦海裡，呈現出了這樣一種記憶的幻覺——這就是「實實在在」的幻覺。但是，當相同的形式出現在我們的夢境中時，這樣的事實依然沒有發生任何改變。如果我們相信自己的確是與某位自己記住的人在一起，在我們做夢的時候，我們就再也不會懷疑夢境中這些人影存在的事實，就像我們不會在清醒的時候，懷疑個人的想法。

我已經提出了對這種現象的簡單解釋，即這種幻覺的產生，源於這樣一個事實，那就是這樣的夢境，缺乏各種的多樣化印象、記憶，或某種狀態下的思想作爲背景，因而或多或少有點類似於我們做白日夢時，所產生的幻覺。但是，我們現在並不關心產生這種現象的原因，我們只是關心這個事實本身，是否與我們的日常經驗相符。

我認爲，閱讀本書的讀者都會有這樣的經歷，就是他們曾在夢境裡，感覺到已經離開人世多年的朋友，正站在他們身旁。無論怎麼說，這樣的夢境其實對絕大多數人來說，都是相當普遍的。很多相信人類思想進化理論的人都會說，這對他們來說似乎沒有任何道理——這樣的夢境可能是造成我們某些固定幻覺性思想，從而影響著人類進步的重要原因。他們相信一點，那就是史前時代的野蠻人，也會經常在夢境中，夢到自己的致命敵人或親愛的朋友，而他們尚未接受過任何訓練的思維，則會傾向於將夢境中的幽靈，視爲一種眞實存在的東西。在他們睡覺的時候，他們也會相信，他們的精神已經從肉身的限制中得到了解脫，似乎在進行一場「遠征」，無論這是一場正義的還是非正義的戰爭，這已經不重要了。在那個讓人感到無比陌生的超自然感官世界裡，我們能夠遇到很多過去的人，但在我們甦醒的時候，這些人也會隨之消失。

按照這樣的分析，這就是我們相信鬼魂存在的根源。因此，其他多種多樣的拓展以及詳細的說法，都會在人類發展的歷史上，扮演重要的角色。

但是，有人可能會問，難道原始人眞的就是喜歡做夢的人嗎？難道當他們的身體需求得到了滿足，就會沉入到深層且不中斷的睡眠當中，遺忘整個世界嗎？

我們需要注意到一點，那就是這樣的夢境狀態，對於每個民族來說都是非常熟悉的。無論是對於孩子還是老人來說，都是如此。但事實並非這樣。這樣的情況並不完全局限於人類的身上。你可以觀察一下那些躺在格柵旁邊的老狗，處於深度睡眠時候的狀態。你可以看到它的身體肌肉在不斷抽搐，似乎要迅速飛奔一樣，而嘴則是半張開的，咽喉似乎努力地壓制著要發出來的聲音。

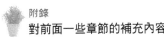

你能懷疑這隻狗是在做夢嗎？也許在它的夢境裡，它會想到自己之前追逐過的兔子，或一些陌生的小貓，或屬於它同類的小狗朋友或是敵人。

在我們的原始祖先取得任何人類發展之前，他們都必定是一群夢想家。我們不能懷疑一點，那就是他們將第二自我的概念——即一個非物質性的人格——與所有具有生命力的東西聯繫在了一起，而第二自我的概念，也不專屬於非人類。人類世界從一開始，就伴隨著精神層面的東西而存在。

如果這是眞實的，我們認爲夢境中的潛意識狀態，要爲人類這麼重要的心靈發現負責，這必然能夠透過甦醒之後的一系列活動得到體現。

對那些有能力去衡量迷信力量的價值的人來說，這就好比是在他們的心智中，懸掛了一個遮蓋物，扭曲著他們的人生視野，讓他們看到一些不眞實的形態，或讓他們人爲捏造出一些鬼魂來，讓我們無法去追尋，只能因爲恐懼而始終躲在我們的夢境當中。

今天，你與我都知道，我們在睡夢之鄉裡所見到的各種事情，其實不過是夢境的一部分而已。我們都知道這點，但我們眞的相信嗎？難道這其中，不存在著我們祖先所相信的魔力嗎？始終有類似的疑問存在，而我們始終無法很好地消除這樣的疑問。

我們所愛的人在多年之前就已經去逝了，但是他們卻能夠在我們做夢的時候，與我們進行交談——他們彷彿依然以過去的形象，出現在我們面前，用相同的聲音說話。我們能夠非常肯定，他們並不可能生活在一個超感官的世界裡。我們想像著自己站在這些躺在病榻的朋友旁邊——難道我們眞的這麼肯定，這些朋友是眞的生病了嗎？「胡說八道，夢境都是與現實完全相反的」。我們都會這樣說。但是，這句話本身就暗示著一種根深蒂固的信念，那就是夢境本身具有某種超自然的重要性。至少，若是我們沒有做這樣的夢，我們會感到更加高與一些。

我們的自我意識，也並不是完全爲了忍受夢境出現的幻覺而出現的。每個人與其他人之間的關係，都必然會受到我們所懷疑信念的影響。如果你回溯歷史，你就會知道古代的巴比倫人、亞述人以及埃及人，都生活在一個「鬼魂縈繞」的世界。巫術、魔法都是非常盛行的，根本不存在的妖術也大行其道。人們將夢境中想到的東西，視爲生命中重要的一部分，似乎在夢裡看到的東西，就是他們甦醒之後所感受到的東西。

當一個古埃及人去逝的時候，他的朋友必須要小心翼翼地清洗他的身體，從而讓靈魂能在恰當的時間，重新進入他的身體。

如果一個古埃及人生病了，他會認爲，一定是某些敵人對自己施加了一些神奇的魔咒。他認爲即便是沒有生命的東西，都具有某種鬼魂方面的屬性。所以，他們會用蠟做成敵人的形狀，而一些權貴則會用燒蠟燭的方式，去躲避敵人給自己帶來的傷害。

古埃及人還認爲，即便是動物與鳥類，也都同樣擁有超自然的魂魄。他們會崇拜神聖的公牛，並且會認眞清洗朱鷺與小貓的身軀，那種莊嚴的儀式，會讓人感到一種莫名的喜感，因爲人們很容易會對這些動物是否能夠獲得永生，產生一種懷疑。雖然這種相同的懷疑態度，跟古埃及人的那種概念是相差無幾的，但這樣的情況同樣適用於人類的精神。

對古巴比倫與古亞述的那些城市遺跡進行挖掘，我們發現了成千上萬塊古代的碑片，上面都篆刻著文字。上面所寫的文字，都是一些類似預兆以及咒語的東西，從而抵禦那些邪惡的靈魂。按照人們對時間的看法，這一切都藏在自然的表象後面。

古希臘文學裡充滿著描述相同看法的記載。冥府渡神的那張著名圖片，就描繪了在陰間的人划著船，來到了冥界世界的河岸邊。這幅圖畫似乎與我們日常掛在家裡的圖片沒有什麼區別。無形的眾神存在於奧林匹斯山之上，他們始終都在干預著人類的思想。依菲琴尼亞在面臨犧牲的時候，會感覺自己的精神得到洗禮，而一位投機者則能夠神奇地取代她的位置。巴庫斯在被一位凡人囚禁的時候，透過神奇的法術，讓自己重新獲得自由，乘著一頭公牛離開。希波呂托斯曾遭到尼普頓的殺害，只是爲了對他憤怒的父親的祈禱做出回應，之後，他的父親爲自己的行爲感到無比後悔。因此在找尋相似的闡述時，我們是不大可能走歪路的。若是單純從歷史文學角度去看待的話，相似的事情也可能同樣能夠在歷史學家們那裡發現——在諸如希羅多德、修昔底德以及色諾芬這些大歷史學家們的身上找到，向人類展現出懷疑主義本身，就是每個時代具有先進性思想的人，應該具有的態度。

「但是，」你說，「人們肯定並不是眞的相信這些所謂的鬼魂，雖然他們的確在文學裡提到了這些內容。」

如果你這樣想的話，那就大錯特錯了。人們的確相信鬼魂。我們甚至可以說，談論這樣的話題，並不能說明我們對此持一種不相信的態度。這其實是一個自然發展的過程，要是懷疑這個過程，其實就是懷疑物質世界的存在。可以肯定的是，一些哲學家必然會公開對所謂的物質世界，表達自己的懷疑態度。與他們的態度類似的是，還有一些哲學家懷疑鬼魂的存在。對一般人來說，這樣的問題可能是他們之前，從來都沒有想到的。

就這個問題而言，我們可能同樣以相當輕信的態度，相信了這樣的事實。這樣證據是非常明顯的，任何人都不能對此持一種懷疑的態度。我們可以找到中世紀時代的相關記錄，這些記錄毋庸置疑地，記錄著那時候的治安官與檢察官——與當時絕大多數接受過教育的人一樣——都完全相信某種超自然的能量，認爲這能夠幫助他們對抗一些邪惡的力量。

與巫術相關的最後的一次處決，發生在大約兩百年前。即便在人們不再相信巫術所帶來的影響之後，他們依然相信某種魔幻式的東西。到了十八世紀，那時候的人們都認爲，那些精神失常的人都是具有邪惡靈魂的人。

這些關於鬼魂的一連串思想，就這樣以夢境傳承的方式，一直延續到今天，跟我們處於原始階段的祖先的看法沒有什麼區別。當我討論這種潛意識的沉睡所產生的影響時，我並沒有說這樣一種影響，能夠與心智處於甦醒狀態時的表現一樣具有力量。作爲在古埃及人、古巴比倫人、古希臘人或中世紀人心靈中佔據重要地位的東西，它們其實都是我們純粹想像出來的。這是一個現實的世界，而不是一個充滿鬼魂的世界。那些讓歷代人都爲之感到痛苦的幻影，其實不過就是我們自身虛構出來的東西，讓我們無法去感受眞正的自己。但就是這樣的傳統，依然傳承了數千年。

難道我們敢說這樣的情況，在今天這個時代已經完全消失了嗎？難道你與我敢肯定一點，那就是在我們的心智世界裡，這些關於鬼魂的古老概念，已經完全起不到任何作用了嗎？難道我們眞的完全從迷信的局限世界裡掙脫出來了嗎？

你是否完全確定一點，即在一個陳腐的墓地，我們能在晚上，感受到一種與白天完全不一樣的安靜。當然，你也許不相信有鬼魂的存在，但是你可能並不敢讓自己的懷疑精神，接受某種程度的考驗。

或者說，你對鬼魂的看法，可能是屬於另一種情形的。也許你會向那些宣稱能夠爲你從一個超感官世界裡，帶來關於過去與未來資訊的苦行者支付金錢。你可能只是覺得，自己是以一種懷疑的態度這樣做的，但你其實已經選擇相信有關這些方面的神奇力量了——是的，你不僅相信了這些方面的東西，而且你還損失了金錢。

也許，人類一萬多年來的科學進步，已經能夠讓我們從過去的科學成就裡，找到我們想要的東西。在這樣的科學記錄裡，我們無法找到超自然的鬼魂世界的存在，但即便面對這樣的事實，我們也會選擇忽視。你可能會將自己與西元前三〇〇〇年的古巴比倫人歸爲一類。你可能會讓自己的心智在甦醒狀態下，努力超脫出潛意識的睡眠狀態，從而擺脫一個虛無縹緲的夢境世界。

並不是只有直接的夢境世界，才能具有這樣的影響力。這些最重要的迷信，能夠給我們帶來一系列殘餘的錯誤概念，這些錯誤的概念，始終都在給我們的清醒判斷以及人類的幸福，帶來巨大的傷害。誠然，我們容易輕信，這會讓我們超脫出自然的限制。這種輕信的行爲，會對我們個人的幸福感受，帶來巨大的影響。

誠然，我們已經習慣了將迷信當作一件過去的事情，但事實上，我們很難發現一個人在日常生活中，完全擺脫了迷信的束縛。一些人可能會相信幸運或是不幸運的暗示，因此他在日常生活中，會受到各種行爲的影響。如果他看到月亮在自己的左手邊肩膀位置升起來，就會認爲這是一個不好的兆頭。走在路上的時候發現地面上有一根針，要是不將這根針撿起來的話，他會感到極爲苦惱。關於這些有點荒謬或是讓人感到厭煩的事情還有很多。

某一類型的人——他們可能是賭徒、投機者或演員——似乎總是在某種迷信思想的影響之下，但是我們卻很難找到一個，在心底裡完全不存在迷信思想的人。如果我們對此進行細緻而認眞的分析，就會發現一些行爲完全屬於迷信的範疇。即便某人能夠開誠佈公地說出自己心底想法的根源，這些想法還是很有可能始終纏住他的思想。很多認爲數字「十三」是不吉利的人，都會寧願選擇在週五開始一趟旅程，但如果他們不小心打破了一面鏡子，就會感到無比恐懼。這樣一種心口不一的情況是根深蒂固的，是不大可能一下子就能完全消失的。

當然，這些古怪的概念，並不能給我們帶來幸福。相反，它們會讓我們感到更加困惑，就好比我們的良心，無法不去回想過去所犯下的一些罪過一樣，從而爲我們的人生，增添了許多不確定的東西。在某些情況下，它們的影響可能是極爲邪惡的。比方說，幾年前的一份報紙報導過，美國一位參議員在他去逝前的幾個月就曾說，自己並不是一個迷信的人，但是他認爲自己的生命在某種程度上，與門前的那棵松樹的死活是聯繫在一起的。

這段話顯然與以下內容是一致的，那就是「我並不擔心鬼魂，但是我卻對它懷有敬畏之心」。

這份報紙接著說，在一個夏天，那棵松樹開始逐漸凋零，幾個星期之後，那位參議員就去逝了。當這份報紙出版之後，很多人都說這位參議員是一個有先見之明的人。我們並不需要懷疑這棵松樹的死亡，與參議員的死亡是否存在著聯繫。當然，這種聯繫存在的唯一可能性，源於人類的想像力。當這位參議員以某種荒謬的方式，將樹木的生命與自己的生命聯繫在一起之後，如果他看到那棵松樹開始凋零，內心就會感到無比恐懼。因此，這樣陰鬱的預兆，也許會讓他之前因爲疾病而變得脆弱的心靈，遭受進一步的打擊。從某種意義上來說，正是迷信的心理殺死了他。

當然，這份報紙的報導可能也不是眞實的，但不管這份報紙的內容是否眞實，都能同樣說明一個問題，那就是即便這不能說明一個人的信念，也能夠充分說明一種迷信的觀念，在當代很多接受過高等教育的人身上依然存在。

但是，眞正重要的事情，並不是這種迷信依然始終死死地纏繞著我們，而是它已經接近一種完全消除的狀態。這種相對較少的迷信依然存在，能夠讓我們想起不久之前，那個迷信大行其道的時代。而那些之前迷信的人都已經認識到，自己被這些迷信思想控制的荒謬性。因此，我們現在很難找到一位完全迷信的人。

雖然我們可以承認自己一時的動機，但卻無法從絕對意義上否定迷信的存在。如果一個人被發現撒了鹽之後，向背後撒了一把鹽（迷信說法，向背後撒鹽可以驅魔。譯者注），他總是會以一種半道歉的口氣說：「我並不是一個迷信的人，但我每次不小心撒了鹽，都會這樣做。」這種一般性的否定，始終都伴隨著某些特定意義上的承認，無論這兩者是否完全一致。

這樣的行爲本身，就是我們根深蒂固的迷信思想的一種體現，但很多接受過高等教育的人都會對此否定。這樣的否認，其實要比過去那些行爲更加重要一些。這其實就是人類智慧不斷進步的一個印證。這能夠說明我們正在朝著一個文化不斷成熟的方向前進，我們承認理論與法律，而不是以偶然的行爲去治理這個世界。

我必須要承認，你們可能都會懷著一定的慚愧之心，承認自己的迷信心理吧。當然，你們現在的迷信心理，肯定是與古代的巴比倫人不一樣的。只要這維持在一定的限度，那是沒有什麼關係的。但是，你不能在迷信的道路上走太遠。你不能單純停留在內心爲此感到慚愧之上，還要爲自己擁有這些錯誤的觀念而感到羞愧。你偶然誕生在這個世界上，這個時代在人類歷史上，第一次沒有了鬼魂的概念——透過解釋予以消除，這些鬼魂來自虛無又回歸到虛無。接著，縱然你對過去有很多遺憾，很想逃避光明，但你還是需要走出被恐怖困擾的冷漠世界。

在你今天生活的世界裡，對你的人生幸福更有幫助的，就是要在你清醒的時候，勇敢地忘記夢境裡出現的一切情況，勇敢地遠離祖先給你發出的一些虛無縹緲的錯誤信號，過上屬於自己的幸福生活。

要是一個人希望確保思想處於一種絕對平靜的狀態，這樣的平靜狀態，必然需要我們的心智處於健康的狀態，你的心智就必然會變成這個世界上最爲自由的地方。因此，你要讓心智保持這樣的放鬆狀態，重新煥發自己的能量。爲了達到這個目標，你要始終相信一些簡短的且肯定的概念，從而明白眞實的內容，然後它們將能夠爲你帶來一些有用的東西。

——馬庫斯・奧勒留

國家圖書館出版品預行編目資料

幸福的科學 / 亨利・史密斯・威廉著；佘卓桓譯；遲文成校. -- 初版. -- 新北市：華夏出版有限公司, 2023.11

面；　　公分. - -（人文經典；01）

譯自：The science of happiness

ISBN 978-626-7134-46-7（平裝）

1.CST：幸福　2.CST：生理心理學

121.311　　112015023

人文經典 001

幸福的科學

著　作　（美）亨利・史密斯・威廉
翻　譯　佘卓桓
校　對　遲文成
印　刷　百通科技股份有限公司
　　　　電話：02-86926066　傳眞：02-86926016
出　版　華夏出版有限公司
　　　　220 新北市板橋區縣民大道 3 段 93 巷 30 弄 25 號 1 樓
　　　　電話：02-32343788　傳眞：02-22234544
E-mail　pftwsdom@ms7.hinet.net
總經銷　貿騰發賣股份有限公司
　　　　新北市 235 中和區立德街 136 號 6 樓
　　　　電話：02-82275988　傳眞：02-82275989
　　　　網址：www.namode.com
版　次　2023年11月初版一刷
定　價　新台幣 480 元　（缺頁或破損的書，請寄回更換）

ISBN-13：978-626-7134-46-7